Feng Shui

Vivir sano con la sabiduría china

Advertencia:

Esta obra ha sido elaborada con el mayor cuidado según los conocimientos actuales. A pesar de ello, es preciso tomar con precaución todas las indicaciones dadas. El editor declina toda responsabilidad en caso de daños corporales ocasionados por el ejercicio de las prácticas mencionadas en el presente libro. Los consejos dados en esta obra no sustituyen un seguimiento médico convencional. Recomendamos consultar a un médico antes de proceder con cualquier autotratamiento, especialmente en caso de problemas de salud, de ingesta regular de medicamentos o durante el embarazo.

Créditos fotográficos:

Corel, Ontario/ce: 12, 18, 21, 25, 31
Creativ collection, Friburgo de Brisgovia: 13, 18, 19 izq., 20 izq. ar., 20 der., 30 ab., 32, 34; miniaturas 9-32, 45-63
Deutscher Teeverband e.V., Hamburgo: 7; miniaturas 5-8
MEV, Augsburgo: 4, 5, 6, 8, 10, 11, 16, 17 ar., 19 der., 20 ar., 21, 27 ar., 28 c., 29, 35, 37, 38, 39, 41 ar., 44 ab., 45, 46, 47 ar., 49, 50, 51, 52, 53, 54 ar., 55, 58 ar., 59, 60, 63
PhotoPress, Stockdorf/Múnich: 9, 14, 22, 23, 24, 26, 27 ab., 28 ab., 30 ar., 33, 39, 40, 41 ab., 44 ar., 47 ab., 54 ab., 56, 57, 58 ab., 61, 62
VEMAG, Colonia: 1, 2, 17 c., 17 ab., 28 ar., 36, 43; miniaturas 4, 33-34, 64
Fotografías de la cubierta: dpa/Fráncfort del Meno

Autora: Georgia Schwarz
www.apollo-intermedia.de

Traducción: Montserrat Ribas para Equipo de Edición S. L., Barcelona
Redacción y maquetación: Equipo de Edición S. L., Barcelona

Producción completa: Naumann & Göbel Verlagsgesellschaft mbH, Colonia
Impreso en Alemania

ISBN 3-86146-030-0

CONTENIDO

INTRODUCCIÓN

Si usted se interesa por el feng shui pero todavía no se ha decidido a profundizar en esta antigua disciplina china que consiste en la correcta ubicación e integración de un espacio dentro de un entorno, entonces éste es el libro que necesita. En él descubrirá los fundamentos teóricos del feng shui y encontrará algunos consejos útiles con los que usted mismo, y la ayuda de unos pequeños trucos, podrá regular el flujo de energía positiva de su casa. Después de una descripción del «método de la brújula», basado en la teoría de las «ocho direcciones», encontrará un breve resumen sobre el bagua, otro aspecto fundamental del feng shui. Este arte milenario permite optimizar la energía de su entorno para gozar de una vida llena de salud, vitalidad y armonía, pero no espere que le solucione todos sus problemas de un día para otro. De cualquier manera, le ayudará a reconocer los problemas existentes y le aportará sabios consejos para intentar resolverlos de la mejor forma posible.

¿QUÉ ES EL FENG SHUI?

EL VIENTO Y EL AGUA

El nombre chino *feng shui* significa literalmente «viento y agua», lo que quiere decir que todo lo que nos rodea está formado por energía en perpetuo movimiento. Nosotros la llamaremos «energía en movimiento». Toda materia inerte, como una silla, una mesa o una casa está compuesta por una energía de este tipo. En el taoísmo, donde el feng shui tiene sus raíces, éste se define como el arte y la disciplina que tiene como objeto ayudar al hombre a vivir en armonía con la naturaleza, es decir, con su entorno.

El feng shui procede de la observación de unas reglas chinas de vida muy antiguas. Hace ya varios milenios, los chinos utilizaban el feng shui para construir sus casas. La levantaban en un lugar «portador de fortuna», la planificaban y la amueblaban según los principios del feng shui.

Hasta no hace mucho tiempo el feng shui sólo había llegado al sudeste asiático: Hong Kong, Japón, Taiwán, Corea, Tailandia, Singapur y Malasia. Así por ejemplo la prosperidad de Hong Kong se explica por la utilización del feng shui para levantar edificios; allí cerca del 90% de las edificaciones comerciales, igual que ciertos rascacielos modernos, se han construido según los principios del feng shui. Incluso hoy en día son muchos los que recurren a esta disciplina o a sus expertos para la construcción de oficinas o cuando tienen que comprar el mobiliario. Ocurre lo mismo con las casas, apartamentos o centros de negocios ya edificados que se ponen en manos de auténticos maestros de feng shui para modificarlos,

Una variante del feng shui occidental es el «qi-mang-feng-shui». Éste se basa principalmente en la salud corporal y se interesa por las fuentes y corrientes de agua, los fenómenos de radiación y los campos perturbadores de energía. Con este tipo de feng shui se intentan paliar los peligros de la vida moderna, tal como lo hacían en la antigua China.

convirtiéndose en «prometedores de fortuna». Desde hace algunos años el feng shui se ha ido extendiendo por el mundo occidental y cada vez son más las personas en América, Australia y Europa que confían en esta disciplina china de la armonía para construir sus casas o escoger el mobiliario.

En Estados Unidos y Europa el feng shui se está haciendo muy popular. Actualmente existen diferentes escuelas y maestros que interpretan y utilizan de distinta forma la disciplina original. Todos tienden a adaptar el feng shui a las necesidades del hemisferio occidental. En los países occidentales se distinguen principalmente cuatro sistemas diferentes de feng shui:

- La escuela formal: se basa en la naturaleza con sus montañas, ríos y bosques.
- La escuela de las estrellas voladoras.
- El método de las ocho direcciones (método de la brújula).
- El método de las ocho casas.

Todos estos métodos, excepto el primero, utilizan una brújula para determinar el flujo

de energía que circula por el edificio, el apartamento o la estancia. Para las cuatro escuelas occidentales del feng shui los factores determinantes son los siguientes: la energía cósmica (energía qi: *véase* pág. 9), el yin y el yang (*véase* pág. 12), los cinco elementos (*véase* pág. 14) y los ocho trigramas (*véase* pág. 18). Según las escuelas, la utilización del feng shui será un poco diferente.

LOS ORÍGENES DEL FENG SHUI

Los orígenes del feng shui se remontan a hace unos 6.000 años. Básicamente el feng shui clásico es un sistema basado en la observación de las fuerzas del cielo (tiempo) y de la tierra (espacio físico) y de sus efectos en la vida del hombre.

EL TAOÍSMO

La disciplina del feng shui es una parte del taoísmo, pensamiento religioso y filosófico chino. El escrito más antiguo de la filosofía taoísta es el *Tao Té King*, que traducido significa «El libro del camino y su poder». Lao Tsé, cuyo nombre significa «el Gran Maestro», es el autor de esta filosofía. Se cree que Lao Tsé vivió entre el año 600 y el 300 antes de nuestra era. El *Tao Té King* se compone de 81 aforismos que contienen grandes lecciones. El término «Tao» se utiliza para definir el principio, el absoluto, lo que está al inicio de todo acontecimiento. Representa también el transcurso de la vida del hombre que, si sigue ciertas normas éticas, estará en perfecta armonía con la naturaleza.

El gran Tao está dividido en otros pequeños Taos como, por ejemplo, el feng shui, la ceremonia del té o la pintura de la naturaleza. En los 81 aforismos del Tao encontramos las indicaciones necesarias que nos permitirán reconocer el gran Tao y poder seguir así por su camino, pero el gran Tao es imposible de definir y explicar de forma absoluta.

EL I CHING

El *I Ching* o también llamado «Libro de las mutaciones» es seguramente el escrito filosófico más antiguo y profético de la civilización china. Tiene influencia tanto sobre el taoísmo como sobre el confucianismo, las dos corrientes filosóficas más importantes de la China antigua. Aunque las nuevas tendencias definen el feng shui como una disciplina y un arte independientes e intuitivos, puede afirmarse con toda seguridad que éste tiene sus orígenes en el Libro de las mutaciones.

La principal enseñanza del *I Ching* se basa en el hecho de que es el propio cambio lo que determina el principio básico del universo. En el *I Ching* las mutaciones no parecen pues estar sometidas a ningún elemento de carácter arbitrario ni son caprichosas, sino que son consecuencia de un cambio determinado y regular.

CONCEPTOS Y PRINCIPIOS FUNDAMENTALES

Cuando los occidentales se interesan por disciplinas orientales como el feng shui muchas veces les resulta difícil comprender este modo de pensar tan distinto. Se puede comparar este aprendizaje con el de un nuevo idioma que difiere totalmente del nuestro, incluso de la escritura.

Por ello interesarse por el feng shui no significa solamente entender sus términos o aplicar sus consejos y directrices, sino más bien adentrarse en el pensamiento oriental. Esta manera de pensar, a la vez muy compleja y sin embargo relativamente simple, nos es totalmente desconocida. No se puede aprender, hay que sentirla.

El feng shui no es una disciplina o una filosofía escrita y redactada por un solo hombre, sino que es el resultado de una tradición milenaria de detalles vividos, observaciones minuciosas del mundo real y de experiencias diversas.

Como con toda cultura extranjera, hay que empezar por exponer algunos de los principios fundamentales para poder comprender el feng shui.

LA ENERGÍA QI

A diferencia del mundo occidental, para el cual la materia constituye el principio básico, la cosmología china da prioridad a la energía y a la fuerza vital como valores decisivos.

Encontramos también esta visión en el feng shui: en el centro del feng shui se encuentra la energía qi que circula a través del universo

El objetivo del feng shui consiste en ordenar la energía qi de un lugar determinado, evitando que se estanque.

y agrupa a todos los seres vivos e inertes. En la terminología occidental no encontramos ningún concepto que sirva para explicar el qi. A veces lo vemos traducido como atmósfera, humor, energía, fuerza vital, energía vital e incluso espíritu.

El qi circula por el cuerpo humano, por los animales y las plantas, pero también por las viviendas. El qi circula tanto hacia el exterior como hacia el interior, incluso del cuerpo. Cada persona, cada animal, cada planta y cada vivienda tiene su propio qi que se mezcla siempre con el qi del entorno. Así pues cada uno de nosotros no está solamente ligado a su entorno más cercano, sino, en última instancia, con el universo entero.

Tanto el flujo del qi que circula por nuestro interior como el que proyectamos hacia el exterior determina nuestro estado de ánimo, nuestras emociones y, por tanto, nuestra psique y nuestra condición física. El feng shui se dedica a ayudarnos ante todo a optimizar el qi de la vivienda. El qi circula a través de puertas y ventanas, hacia el interior y hacia el exterior. También puede, aunque de manera menos intensa, atravesar materiales más densos como las paredes. La forma de las casas, la posición de puertas y ventanas y, sobre todo, los materiales de construcción, pueden modificar la circulación del qi. Asimismo, igual que los planetas y el universo entero irradian sobre el qi fuerza celeste, también la energía terrestre circula por el universo. Por ello la posición del sol y de los planetas con respecto a las casas va a tener una influencia sobre el qi que entra y sale de ellas. Por consiguiente, el patrón de energía qi también experimentará cambios con el paso de las horas.

El objetivo fundamental del feng shui consiste en ordenar el espacio para optimizar la calidad de la energía qi y su circulación, para así poder mejorar nuestra psique, nuestra salud física y nuestra calidad de vida. Lo ideal sería que la energía qi circulara como un pequeño arroyo a través de nuestra casa, sin que nada la frenara ni la acelerara.

Ciertas constelaciones pueden proyectar un qi nefasto sobre su apartamento o su casa y así repercutir sobre su salud. Ciertos materiales, como los tejidos sintéticos, tienen una influencia desfavorable sobre la energía qi. Asimismo la iluminación artificial, el aire acondicionado o la calefacción, los ordenadores, los hornos microondas y los teléfonos móviles, que poseen su propia energía qi artificial, interrumpirán el flujo de energía positiva de su apartamento. La oscuridad, el desorden, el polvo y la humedad también influyen de forma negativa sobre el qi positivo. Según la disciplina del feng shui, esto puede representar graves problemas de salud o incluso un estancamiento, una inactividad personal.

Si el qi circula con demasiada rapidez, la estabilidad del flujo energético corre el riesgo de ser alterada. Es por ello que conviene evitar los pasillos largos o colocar los muebles en fila. Un qi que circula demasiado rápidamente puede llegar a suplantar una parte de nuestro propio qi y ponernos nerviosos o hacernos sentir inseguros. El qi que circula por los rincones o ángulos agudos de las habitaciones de un apartamento o de una casa también tiene tendencia a arremolinarse. Como en el caso de un huracán, se forman remolinos y corrientes. Este qi se describe como el «qi cortante» o el «sha». Provoca una rotación de nuestro propio qi y nos hace perder el sentido de la orientación. Puede incluso hacer que enfermemos. El feng shui nos ayuda a evitar esta corriente de energía negativa y a canalizar la positiva.

EL YIN Y EL YANG

La idea principal de la filosofía china que se aplica a todos los ámbitos de la vida humana consiste en una división de todas las

El yin y el yang se encuentran en un proceso continuo de cambio y equilibrio. Las cosas sobre las cuales domina el yin atraen al yang, y viceversa. Si una persona tiene un carácter más bien yin, será pasiva y tranquila. A lo largo de su vida, podrá volverse más activa y avanzar hacia la dirección del yang.

陰 陽

Yin **Yang**

cosas y de todo ser vivo en dos principios fundamentales, que son el yin y el yang. Es interesante observar aquí los caracteres chinos que representan el yin y el yang. Son totalmente diferentes uno de otro. Para el yin la escritura china utiliza una colina, una nube en el cielo y unas personas que habitan bajo el mismo techo. Para el yang utiliza una colina y el sol en el horizonte, así como los rayos luminosos y las energías en movimiento. Simbólicamente el yin y el yang se representan como dos peces entrelazados que siempre van juntos y forman un todo. El yin y el yang provienen del todo o de la nada, del Tao (*véase* pág. 7). La interacción constante entre el yin y el yang genera los cinco elementos (*véase* pág. 14), los ocho trigramas (*véase* pág. 18) y todas las cosas del universo.

LAS MANIFESTACIONES DEL YIN Y DEL YANG

Yin	Yang
Yin es oscuro	*Yang es claro*
Yin es verde, azul, negro, marrón	*Yang es rojo, naranja, amarillo*
Yin es tranquilo	*Yang es agitación*
Yin es contracción	*Yang es expansión*
Yin es cuadrado	*Yang es redondo*
Yin es estrecho	*Yang es ancho*
Yin es lento	*Yang es rápido*
Yin es pasivo	*Yang es activo*
Yin es tierra	*Yang es cielo*
Yin es agua	*Yang es montaña*
Yin es luna	*Yang es sol*
Yin es lluvia	*Yang es rayo de sol*
Yin es impar	*Yang es par*
Yin es invierno	*Yang es verano*
Yin es frío	*Yang es calor*
Yin es tigre	*Yang es dragón*
Yin es abajo	*Yang es arriba*
Yin es profundo	*Yang es elevado*
Yin es descendente	*Yang es ascendente*
Yin es blando	*Yang es duro*
Yin es fresco	*Yang es caliente*
Yin es femenino	*Yang es masculino*
Yin es reverso	*Yang es anverso*
Yin es suelo	*Yang es cumbre*
Yin es ácido	*Yang es dulce*
Yin es tristeza	*Yang es furia*
Yin es sombra	*Yang es luz*

LAS RELACIONES ENTRE EL YIN Y EL YANG

No hay que tener en cuenta el yin y el yang como absolutos, sino en su mutua relación. Toda cosa o ser vivo, todo lo que está presente en el universo, está compuesto de yin y de yang y puede ser más yin o más yang, todo depende de la relación en que se encuentren.

Pongamos un ejemplo: quedarse cómodamente sentado en una butaca en lugar de dar un paseo es más bien yin, pero es más yang que ir a dormir. Según la filosofía oriental y tal y como observamos en la vida misma, todo tiende al equili-

brio, como el yin y el yang. Por regla general, los seres humanos sentimos predilección por todo aquello que exprese o manifieste equilibrio entre el yin y el yang. De forma instintiva, procuramos encontrarnos en lugares en los que las cosas estén en equilibrio. De todos modos, nada puede encontrarse en un equilibrio perfecto, puesto que todo es o más yin o más yang.

El yin y el yang parecen un par de contrarios dinámicos. Gracias a una relación con la polaridad inversa, todo alcanza un estado de equilibrio. Así pues las cosas que tienen tendencia a parecerse más al yin, van a atraer al yang, y viceversa. Podemos compararlo al polo positivo y negativo de un imán. Para comprender mejor la relación entre el yin y el yang hay que saber que no hay nada que sea exclusivamente yin ni exclusivamente yang. En toda cosa viva o inerte, coexiste el yin y el yang. Siempre están juntos para formar un todo.

De la misma manera, el ser humano no tiene sólo cualidades positivas o negativas, sino que a la vez coexisten en él aspectos positivos y negativos. En cada situación, por más positiva que sea, siempre hay una gota de amargura. Toda rosa, por más bella que sea, tiene sus espinas.

EL YIN Y EL YANG EN LA CONFIGURACIÓN DE EDIFICIOS

Como ya mencionamos en la página 10, la energía qi de los edificios está influida por la configuración exterior de los mismos. Los edificios altos y estrechos como los

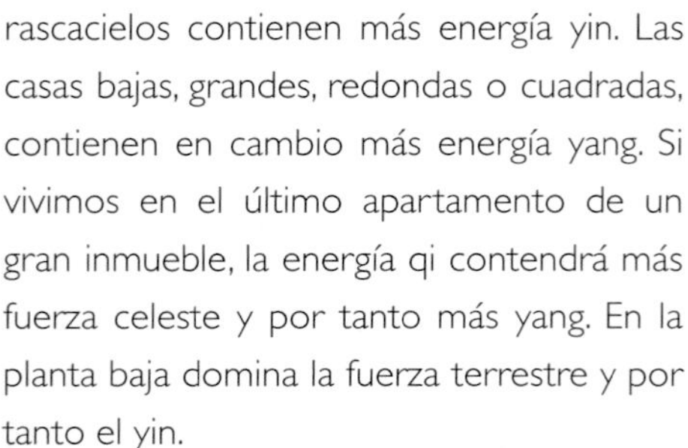

rascacielos contienen más energía yin. Las casas bajas, grandes, redondas o cuadradas, contienen en cambio más energía yang. Si vivimos en el último apartamento de un gran inmueble, la energía qi contendrá más fuerza celeste y por tanto más yang. En la planta baja domina la fuerza terrestre y por tanto el yin.

El YIN Y EL YANG DE SU CASA

Para que la energía qi que circula por las habitaciones de su apartamento o de su casa tenga más yin o yang, será necesario influir sobre ella mediante ciertos materiales o colores.

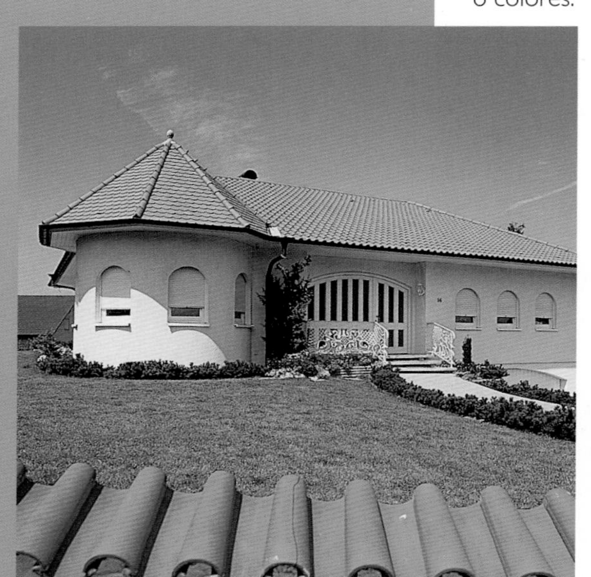

LOS CINCO ELEMENTOS

Según la filosofía oriental, el desarrollo de los acontecimientos naturales viene definido por las acciones recíprocas de los cinco elementos: la tierra, la madera, el fuego, el metal y el agua. Es importante saber que estos elementos no se consideran materias reales y vivas, sino símbolos y fuerzas abstractas de ciertas cualidades fundamentales de la materia que representan. Igual que el yin y el yang, los cinco elementos están vinculados con las estaciones del año y los momentos del día.

La teoría de los cinco elementos es una de las herramientas utilizadas por los practicantes del feng shui. Cada uno de los cinco elementos define una cierta energía qi relacionada con un punto cardinal en concreto, mientras que ese punto cardinal depende a su vez de la posición del sol durante el día o el año.

Los cinco elementos influyen también sobre su casa o apartamento. Es decir, por la mañana, en el este, su casa toma la energía de la madera del qi ascendente. Paralelamente al movimiento del sol, la cara sur, a mediodía, acumula la energía radiante del fuego. Cuando el sol se dirige hacia el oeste, la energía de la tierra se encuentra en aquellas zonas de la casa que están situadas al sudoeste. Al atardecer, cuando el sol se pone, la energía del metal se dirige hacia la zona oeste de la casa. Por último, durante la noche, la energía del agua circula por la parte norte de la casa.

Los cinco elementos o cinco energías se encuentran también en estado puro en el interior de su casa. Encontramos así la energía madera en el papel, las plantas grandes y la madera. Un horno, una chimenea, el color rojo o la iluminación simbolizan la energía fuego. La energía tierra está representada por la porcelana, la cerámica o el yeso. El metal está simbolizado por el hierro, la plata, el acero y otros metales; el agua por los estanques, los lavabos, los cuartos de baño, las duchas, las piscinas o los acuarios.

Los cinco elementos se encuentran igualmente representados durante el transcurso de las estaciones: la primavera refleja la madera, el verano el fuego, el principio del otoño la tierra, el final del otoño el metal y el invierno el agua. Los cinco elementos o cinco energías también están asociados a las formas, colores y materiales (*véase* el cuadro de la pág. 15). De esta manera le será posible tener una representación de los cinco elementos o energías en su propia vivienda.

LA RELACIÓN ENTRE LOS CINCO ELEMENTOS

La relación entre los cinco elementos está caracterizada por dos corrientes energéticas: el flujo de producción y el ciclo de destrucción.

En el ciclo de creación o de producción cada energía es el resultado de otra. Por ejemplo, cada uno de los cinco elementos o cinco energías será designada, cuando llegue su turno, como la madre de la energía siguiente y la hija de la precedente. En el ciclo de creación o de producción, la energía qi circula en el sentido de las agujas del reloj de un elemento al otro. Cada elemento engendra al siguiente y a causa de ello se debilita. Esto significa que cada elemento va a verse desintegrado por el siguiente. Así pues el agua crea la madera y será destruida por

Elemento	Formas	Colores	Materiales	Sentidos	Estación	Dirección	Sabor	Olor
Madera	vertical, delgada, rectangular	verde	madera, bambú, mimbre, junco	vida, crecimiento, vitalidad, actividad	primavera	este	ácido	rancio
Fuego	puntiaguda, de estrella, triangular, piramidal, diamante	rojo		pasión, calor, emoción, expresión	verano	sur	amargo	quemado
Tierra	concisa, baja, plana, ancha, cuadriculada, horizontal	amarillo	yeso, porcelana, arcilla, cerámica, ladrillos, fibras naturales	comodidad, seguridad, estabilidad, prudencia	intermedia	centro	dulce	perfumado
Metal	redonda, abovedada o arqueada, oval, circular, esférica	blanco	acero, latón, bronce, cobre, hierro, oro, plata, piedra dura	riqueza, solidez, cualidad de liderazgo, organización	otoño	oeste	acre	podrido
Agua	irregular, curvada, caótica, amorfa, ondulada	negro	vidrio	fuerza profunda, flexibilidad, calma	invierno	norte	salado	corrompido

ésta. La madera crea el fuego y éste la desintegra. El fuego crea la tierra y es destruido por ella. La tierra crea el metal y éste la destruye. Por último el metal crea el agua y el agua lo desintegra. De esta manera se cierra el círculo.

En el ciclo de destrucción o control, a diferencia del anterior, la energía circula en línea recta hasta el segundo de los elementos siguientes. El elemento que sigue, como está ya bastante debilitado, ve interrumpida su

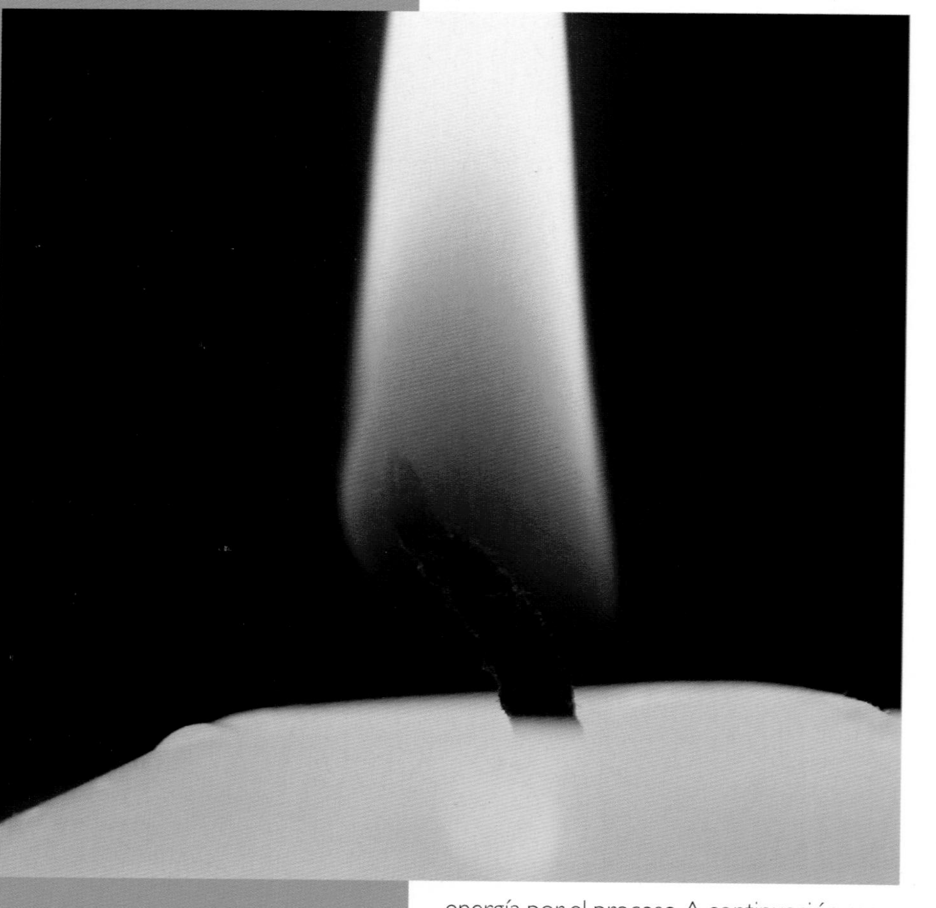

energía por el proceso. A continuación mostramos las relaciones mutuas entre los cinco elementos:

- El agua:
  produce la madera, destruye el fuego (cuando la madera es débil), agota el metal.

- La madera:
  produce el fuego, destruye la tierra (cuando el fuego es débil), agota el agua.

- El fuego:
  produce la tierra, destruye el metal (cuando la tierra es débil), agota la madera.

- La tierra:
  produce el metal, destruye el agua (cuando el metal es débil), agota el fuego.

- El metal:
  produce el agua, destruye la madera (cuando el agua es débil), agota la tierra.

LA UTILIZACIÓN DE LOS CINCO ELEMENTOS

Con ayuda de los cinco elementos o cinco energías podemos influir sobre las corrientes energéticas que circulan por una casa o un piso. Así, gracias a los cinco elementos, puede aumentarse un flujo de energía o debilitar otro. También es posible establecer un equilibrio entre las diferentes energías. En la práctica se ejerce esta influencia colocando en lugares apropiados los objetos que se sabe se comportan o actúan como el propio elemento. Pongamos un ejemplo: para aumentar la energía qi de una habitación situada al norte, habrá que fomentar la creación de la energía agua mediante el metal (*véase* el cuadro de la pág. 15 para la relación entre los cinco elementos). El agua está simbolizada por el vidrio, el agua, las formas irregulares y el color negro. El metal está representado por el cobre, la plata, el bronce o el acero, los objetos redondos u ovales. Por lo tanto hará falta poner por ejemplo un acuario o algunos objetos de cristal sobre una superficie negra o bien utilizar objetos redondos de cobre o plata, marcos para los cuadros o pisapapeles de metal.

De este modo aumentará la energía qi en el norte de su casa o apartamento.

Para atenuar la energía qi situada al norte hay que proceder de forma totalmente distinta. Como el agua se destruye con la madera, habrá que reforzar la energía madera. Para ello hay que utilizar objetos altos y rectangulares de madera y de color verde, como por ejemplo plantas de gran tamaño en macetas verdes. Por supuesto, también puede utilizar la madera, el fuego, la tierra, el metal o el agua en su estado puro, es decir, como un elemento en sí mismo. Si eso no es posible, los objetos que se comportan igual que el propio elemento son los que ejercerán una mayor influencia sobre la energía.

Seguidamente encontrará algunos ejemplos de estas correspondencias:

- Agua:
  agua fresca, acuario, fuente de interior, objetos de vidrio, objetos negros, tejidos negros, objetos de formas irregulares.

- Madera:
  plantas, objetos de madera, papel, objetos de forma alta y estrecha o de color verde.

- Fuego:
  chimenea abierta, objetos puntiagudos, color rojo.

- Tierra:
  objetos pardos, concisos, planos y anchos, yeso, porcelana, arcilla, cerámica y fibras naturales.

- Metal:
  objetos redondos u ovales de metal.

LOS OCHO TRIGRAMAS

Los ocho trigramas son una prolongación de la teoría del yin y del yang. También se estudian en el *I Ching*, el «Libro de las mutaciones». Cada trigrama está formado por tres líneas continuas que representan la fuerza yang; las líneas discontinuas representan la fuerza yin. Los trigramas representan las acciones recíprocas entre el yin y el yang.

A partir de los ocho trigramas básicos se pueden formar 64 pares que son los hexagramas del *I Ching* (*véase* el esquema de la izquierda). Las acciones recíprocas entre estos 64 hexagramas resumen la pluralidad de todas las realidades del cosmos, llamadas «las 10.000 cosas». Las líneas del trigrama que unen el yin y el yang representan los estados fundamentales del universo entero.

En su origen los ocho trigramas se consideraron como una especie de familia. De ahí provienen las denominaciones siguientes:

- El padre está simbolizado por tres líneas continuas. Esto significa el cielo, en chino ch'ien. Las tres líneas continuas representan la máxima fuerza yang, es decir, una gran energía masculina.

Los 64 hexagramas del *I Ching*

Ch'ien	Lu	Tung Jên	Wu Wang	Kuo	Sung	Tun	P'i
Kuai	Tui	Kô	Sui	Ta Kuo	K'un	Hsien	Ts'ui
Ta Chuang	Kuei mei	Fêng	Chên	Hêng	Hsieh	Hsiao Kuo	Yü
Ta Yü	K'uei	Li	Shih Ho	Ting	Wei Chi	Lü	Chin
Hsiao Ch'u	Chung Fu	Chia Jên	I	Sun	Huan	Chien	Kuan
Hsu	Chieh	Chi Chi	Chun	Ching	K'an	Chien	Pi
Ta Ch'u	Sun	P'i	I	Ku	Mêng	Kên	Po
Tai	Lin	Ming i	Fu	Shêng	Shih	Ch'ien	K'un

- Una línea discontinua sobre dos continuas representa la hija menor. La palabra china es tui, es decir, el mar. El silencio de la superficie se ve aumentado por la presencia de la fuerza en la profundidad.

La línea yin entre las dos líneas yang simboliza una energía qi activa y dinámica en la superficie que, en el interior, es fluida y débil.

- Una línea continua sobre dos discontinuas representa el hijo mayor. La palabra china es chen, es decir, el trueno. La energía puede moverse con toda su potencia hacia arriba.

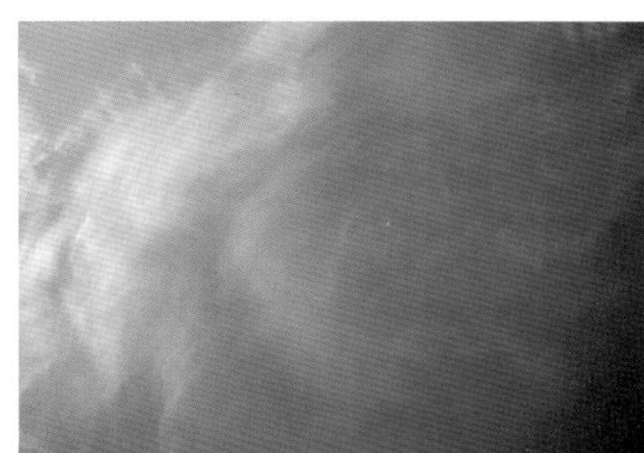

- Una línea discontinua entre dos continuas representa la segunda hija. La palabra china es li, es decir, el fuego.

- Una línea discontinua sobre dos continuas simboliza la hija mayor. La palabra china es sun, el viento. La línea yin bajo las dos líneas yang significa que la actividad exterior protege la debilidad interior.

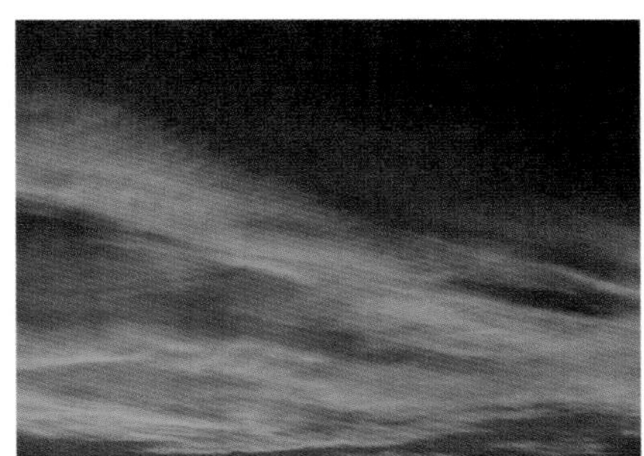

Los trigramas del *I Ching*

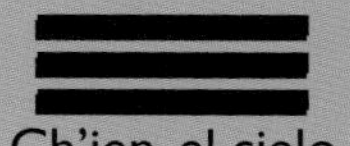

Ch'ien, el cielo

Tui, el mar

Li, el fuego

Chên, el trueno

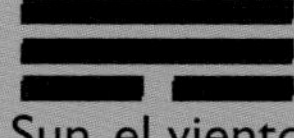

Sun, el viento

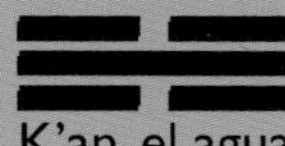

K'an, el agua

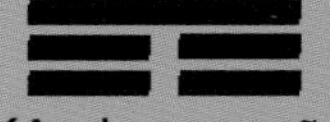

Kên, la montaña

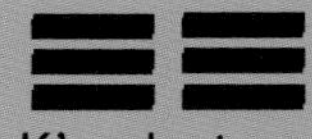

K'un, la tierra

Una antigua leyenda china cuenta cómo el emperador Fu Hsi, que vivió cerca del año 3000 a.C., descubrió el cuadrado mágico mirando a una tortuga, animal sagrado en China. Sobre el caparazón del animal, el emperador observó el dibujo formado por unas gotas de agua. Había cinco gotas en el centro y el resto se dispersaba alrededor de este centro, de tal modo que contando en cualquier dirección el número siempre era 15. Tras una rápida pero intensa meditación, el emperador se convenció de que este esquema representaba el flujo de la energía en el universo.

- Una línea continua entre dos discontinuas simboliza el hijo mediano. La palabra china es hum, o k'an, que significa agua. Aquí encontramos la fuerza y el poder en las profundidades y la pasividad en la superficie.

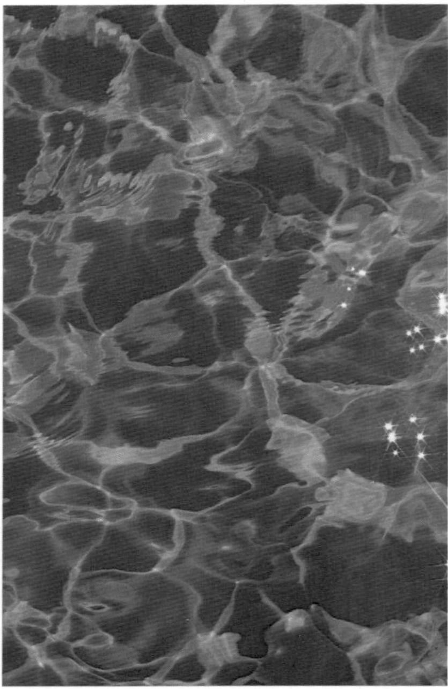

- Una línea continua encima de dos discontinuas simboliza el benjamín. La palabra china es ken, la montaña. Vemos aquí la fuerza y la actividad por encima de la calma.

- El octavo trigrama está compuesto de tres líneas discontinuas y representa la madre. La palabra china es k'un, la tierra. Esta fuerza, totalmente yin, representa la feminidad absoluta.

EL CUADRADO MÁGICO

En el feng shui se tiene en cuenta el hecho de que existen momentos favorables y desfavorables para diferentes tareas. Así, por ejemplo, para cambiar los muebles de sitio o incluso mudarse de casa no hay sólo que tener en cuenta las condiciones de energía favorable sino también el momento propicio. Para encontrar ese momento el feng shui utiliza el cuadrado mágico. El cuadrado mágico representa el flujo de la energía qi correspondiente a los ritmos del tiempo durante el transcurso de un año, de un mes, de un día y de una hora. Cada cifra del cuadrado mágico representa, en el feng shui, un tipo de energía qi.

4	9	2
3	5	7
8	1	6

LAS OCHO DIRECCIONES

El principio de las ocho direcciones se sitúa en el seguimiento de las ideas del yin y del yang y de los cinco elementos. Según el concepto de la filosofía china la energía qi puede moverse en ocho direcciones diferentes. Cada dirección está relacionada con un trigrama (*véase* pág. 18), con uno de los cinco elementos (*véase* pág. 14), una cifra del cuadrado mágico, un color, un momento del día y una estación del año. De esta combinación de los diferentes factores resulta un esquema detallado de la energía qi relativa a una de las direcciones. Las ocho direcciones convergen en un punto central que representa una novena forma de energía qi: la energía central. Se trata de la fuerza más potente. Reúne las posibilidades más importantes pero también los mayores riesgos. Sólo se le atribuye un elemento, una cifra y un color. A diferencia de las otro ocho direcciones no está vinculada a un trigrama, a un símbolo, a un miembro de la familia, a un momento del día o a una estación del año. Por lo que concierne a la distribución de la casa, ello significa que ningún mueble u objeto debería estar situado en el centro de la casa o de la habitación. Las ocho direcciones parten de esta energía qi central. Cada dirección, también la del medio, está relacionada como mínimo con uno de los cinco elementos. Hay seis direcciones que comparten un elemento; a pesar de este elemento común, cada dirección será representada por símbolos diferentes. Así por ejemplo en el

oeste y el noroeste, el elemento metal está simbolizado a la vez por el cielo y el mar. El norte y el sur disponen cada uno de su propio elemento. Los colores de cada dirección, también la del medio, corresponden al esquema de colores de las ocho direcciones (*véase* pág. 31).

Cada momento del día será representado igualmente por una dirección concreta; aquella en la cual se sitúa el sol en ese momento preciso del día. A cada dirección le será atribuida una estación durante la cual la energía qi es óptima.

Éste es un resumen de las ocho direcciones:

NORTE

Elemento: agua.
Miembro de la familia: segundo hijo.
Color: blanco roto.
Estación: invierno.
Cuadrado mágico: 1.
Símbolo: agua.
Momento del día: noche.
Trigrama: yin yang yin (una línea continua entre dos discontinuas).

La energía qi de esta dirección es superficial y tranquila, aunque puede observarse una gran actividad bajo la superficie.

NORDESTE

Elemento: tierra.
Miembro de la familia: el benjamín.
Color: blanco.
Estación: finales de invierno, principios de primavera.
Cuadrado mágico: 8.
Símbolo: montaña.
Momento del día: primeras horas de la mañana.
Trigrama: yang yin yin (una línea continua sobre dos discontinuas).

La energía qi de esta dirección es penetrante y se modifica con rapidez. La energía más intensa es justo antes del alba y a finales de invierno, principios de primavera.

ESTE

Elemento: madera.
Miembro de la familia: hijo mayor.
Color: verde.
Estación: primavera.
Cuadrado mágico: 3.
Símbolo: trueno.
Momento del día: primeras horas de la mañana, cuando sale el sol.
Trigrama: yin yin yang (una línea continua sobre dos discontinuas).

En la dirección este la energía es activa y está concentrada. El qi más intenso domina cuando sale el sol.

SUDESTE

Elemento: madera.
Miembro de la familia: hija mayor.
Color: verde oscuro o azul.
Estación: principios de verano.
Cuadrado mágico: 4.
Símbolo: viento.
Momento del día: mañana.
Trigrama: yang yang yin (una línea discontinua sobre dos continuas).

En esta dirección también encontramos una energía qi muy activa, pero mucho menos concentrada que la del este. El qi es más intenso por la mañana, cuando el sol va ascendiendo lentamente por el cielo, y a principios de verano.

SUR

Elemento: fuego.
Miembro de la familia: segunda hija.
Color: púrpura.
Estación: pleno verano.
Cuadrado mágico: 9.
Símbolo: fuego.
Momento del día: mediodía.
Trigrama: yang yin yang (una línea discontinua entre dos continuas).

En el sur encontramos una energía qi fuerte y ardiente, que irradia. Su irradiación más intensa se sitúa en el mediodía y en pleno verano.

SUDOESTE

Elemento: tierra.
Miembro de la familia: la madre o la mujer de más edad.
Color: negro.
Estación: transición entre finales de verano y principios de otoño.
Cuadrado mágico: 2.
Símbolo: tierra.
Momento del día: tarde.
Trigrama: yin yin yin (tres líneas discontinuas).

La teoría de las ocho direcciones es la base del método de distribución del feng shui. ***En la página 49 descubrirá cómo sacar el máximo partido de las cualidades de las ocho direcciones en su vivienda.***

El esquema de las ocho direcciones lo encontrará en la página 31. Debe ser interpretado como una representación tradicional de los mapas orientales, donde el norte está abajo y el sur arriba.

El qi del sudoeste es tan inestable como el del norte, pero cambia de dirección de forma menos brusca y menos rápida. La energía más fuerte se registra por la tarde y a finales de verano.

OESTE

Elemento: metal.
Miembro de la familia: la benjamina.
Color: rojo.
Estación: otoño.
Cuadrado mágico: 7.
Símbolo: mar.
Momento del día: cuando empieza a atardecer, la puesta de sol.
Trigrama: yin yang yang (una línea discontinua sobre dos continuas).

La energía qi del oeste es tranquila y regular. Se encuentra en su momento de mayor fuerza cuando se pone el sol y en otoño.

NOROESTE

Elemento: metal.
Miembro de la familia: el padre o el hombre de más edad.
Color: plateado.
Estación: finales de otoño, principios de invierno.
Cuadrado mágico: 6.
Símbolo: cielo.
Momento del día: atardecer, crepúsculo.
Trigrama: yang yang yang (tres líneas continuas).

Las tres líneas yang representan una energía masculina muy intensa que se expresa mediante las cualidades de gestión y de dirección, el talento para la organización y la planificación. La energía qi es más activa durante el crepúsculo, a finales de otoño y principios de invierno.

Encontrará el esquema de las ocho direcciones, definido también como una brújula, en la página 31. En este capítulo aprenderá a estudiar, con ayuda de una brújula, los campos energéticos de su vivienda y a evitar ciertos errores.

EL BAGUA

Otro medio para medir el flujo de energía de su vivienda o de una habitación en concreto es el *bagua*. Como en el caso de las ocho direcciones, está basado en los ocho trigramas.
La traducción china de trigrama es «gua» y el número ocho se traduce por «ba». Los ocho trigramas también se conocen por el nombre de *bagua*. Con ayuda del es-

quema del bagua, basado en los ocho trigramas del *I Ching*, se puede también, como con el método de la brújula de las ocho direcciones, investigar los flujos energéticos de la casa para así poder ordenarla correctamente. Según la filosofía china los ocho trigramas del esquema del bagua representan el conjunto de las energías fundamentales de nuestro universo, a partir de las cuales se construye la vida.

Tal como se ha explicado desde la página 21, los ocho trigramas simbolizan el cielo, la tierra, el fuego, el agua, la montaña, el mar, el viento y el trueno. Estos ocho símbolos también se encuentran en el esquema del bagua. Están ordenados alrededor de un núcleo formando un dibujo con nueve casillas, en cuyo centro se halla la energía vital o tai chi.

En el bagua los ocho campos energéticos del trigrama representan los ocho ámbitos de la vida, es decir la vida profesional, el conocimiento, la familia, la riqueza, la fama, la vida conyugal, los niños y la amistad. Estos ámbitos se reagrupan en zonas de igual tamaño alrededor de la energía vital del tai chi, situada en el centro. Las zonas del conocimiento, de la vida profesional y de la amistad se sitúan siempre en la entrada del dibujo.

En el *I Ching* los ocho trigramas están ordenados de forma octogonal. Para fabricar un bagua personal le será suficiente con clasificar los símbolos de la siguiente forma: Divida una hoja de papel transparente de tamaño DIN-A4 en nueve casillas de igual tamaño (tres por tres). Las tres casillas inferiores son, de izquierda a derecha, el conocimiento, la vida profesional y la amistad. La entrada de su apartamento o de su casa se sitúa entre las casillas del conocimiento y de la amistad. La segunda línea se compone, de izquierda a derecha, de las casillas de la familia, del tai chi y de los niños, y la tercera línea, de las casillas de la riqueza, de la fama y de la vida conyugal.

Una vez terminado coloque el esquema del bagua sobre el plano de su vivienda, de forma que la entrada de la casa quede cubierta por una de las entradas del bagua. Si vive en una casa individual, las dos entradas que tienen acceso al exterior deberán quedar cubiertas por las dos entradas del bagua.

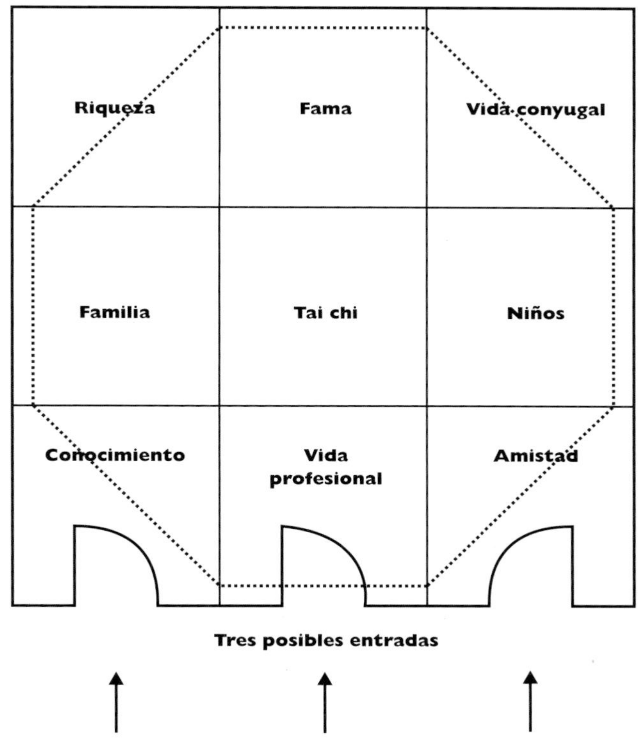

Este bagua es una representación esquemática simple de los ocho trigramas. En el I Ching *estos ocho trigramas están ordenados de forma octogonal.*

Coloree el plano de su apartamento para que pueda verse mejor a través de la hoja transparente donde se encuentra el dibujo del bagua, que está concebido para cualquier

plano rectangular. Cuando coloque la disposición del bagua sobre el plano de su apartamento le será fácil reconocer si le falta una zona del bagua o más, si son demasiado pequeñas o si por el contrario, se les ha concedido demasiada importancia.

EL SIGNIFICADO DE LAS DIVISIONES DEL BAGUA

Es importante no tomarse las distintas divisiones del bagua de manera demasiado literal, sino que hay que saberlas interpretar en un sentido más amplio. Así por ejemplo la casilla de la vida conyugal engloba todas las relaciones con los amigos y los compañeros del trabajo. La riqueza no es únicamente material, sino que también engloba todos los aspectos que embellecen la vida.

- La zona de la vida profesional:
  esta zona determina tanto el éxito profesional como cualquier otro logro y la prosperidad.

- La zona del conocimiento:
  simboliza el grado de madurez interior y la sabiduría profunda.

- La zona de la familia, dominio del pasado y del futuro:
  representa un eventual problema de relación entre los miembros de la familia, pero también con el jefe o el superior, entre los niños y sus profesores.

- La zona de la riqueza:
  representa tanto la riqueza material como todos los aspectos que dan valor, prosperidad y embellecen la vida. También el enriquecimiento intelectual o el amor propio se pueden incluir en esta casilla.

- La zona de la fama:
  representa la impresión que los demás tienen de nosotros. También refleja la energía que irradiamos y nuestra aura.

- La zona de la vida conyugal:
  representa las relaciones familiares, conyugales y también con el superior, los colegas y los clientes.

- La zona de los niños, el dominio del futuro:
  aquí es donde se encuentra la energía necesaria para su creatividad. Esta zona no se limita únicamente a los hijos, sino también incluye las ideas que reflejan su intelecto, su tiempo libre, sus proyectos de futuro, sus aficiones, sus aspiraciones de la vida.

En el feng shui existen nueve aspectos principales de la vida que volvemos a encontrar en las nueve divisiones del bagua. Éstas deben estar en armonía unas con otras. Si uno se preocupa demasiado por la vida profesional, eso irá en detrimento de la familia, del conocimiento o de la riqueza. Si la zona de los niños es demasiado importante, ello puede influir negativamente sobre los amigos o la vida conyugal.

- La zona de la amistad:
  en esta zona se sitúa la energía que, proveniente del exterior, le sustenta.

El feng shui puede mostrarle de qué forma está dividida la energía de su vivienda, de manera que pueda sacarle el máximo partido con relación a sus planes, sus gustos y su personalidad. Tendrá que utilizar su capacidad de inventiva para interpretar de forma correcta el feng shui que le corresponda. Puede utilizar su imaginación para crear un clima de energía positiva que le permita sentirse en armonía con su entorno, su familia y amigos, disfrutar de su trabajo y prosperar día a día.

- La zona tai chi:
  en este punto central de su apartamento, de su casa o de su vida se encuentra la energía vital del tai chi. Aquí es donde convergen todas las energías. Igual que en las ocho direcciones, el tai chi también está representado en el bagua.

El BAGUA NO HACE MILAGROS

El bagua, las ocho direcciones o el feng shui en general no están ahí para ofrecerle soluciones con las que resolver sus problemas personales. No ofrecen cura para todos los problemas de la humanidad. Deben ser entendidos, como uno de los varios sistemas existentes en la filosofía china y no como una panacea. No nos traen soluciones de un ida para otro, ni son ninguna práctica milagrosa. Pero pero si usted aprende a aplicar sus conceptos cuidadosamente, su vida puede cambiar de rumbo mejorando considerablemente.

ALGUNOS TRUCOS PARA INTENSIFICAR LAS ZONAS DEL BAGUA

- Vida profesional:
  juegos acuáticos, un pequeño acuario, un cuadro con un motivo acuático (un lago, un río), un espejo.

- Conocimiento:
  jarrones u otros recipientes cuadrados, luz clara, cristales naturales, cuadros con motivos de montañas o del campo en invierno.

- Familia:
  plantas, madera o papel, flores naturales, cuadros con motivos primaverales o donde se vea una salida de sol.

- Riqueza:
  plantas de interior, flores naturales, una copa de cristal vacía, cualquier objeto que para usted pueda represente la suerte.

- Fama:
  luz clara, velas.

- Vida conyugal:
  parejas de objetos, como por ejemplo

  un par de delfines, dos rosas rojas, dos candelabros idénticos.

- Niños:
  instrumentos musicales metálicos, objetos de metal, flores abiertas, objetos de arte originales.

- Amistad:
  instrumentos musicales metálicos, minerales, piedras finas, objetos de cristal con plomo.

- Tai chi:
  bola de cristal con colores irisados, puntas de cristal de roca.

QUÉ PRECISA LA PRÁCTICA DEL FENG SHUI: EL MÉTODO DE LA BRÚJULA

CÓMO DIBUJAR UN PLANO

Ahora que está familiarizado con los principios básicos del feng shui puede empezar a dibujar usted mismo el plano de su vivienda. Puede constatar a cuál de las ocho direcciones pertenece cada estancia de su casa. Para ello es preferible que dibuje usted mismo un nuevo plano de ésta. Si vive en una casa de varios pisos tendrá que hacer un plano para cada planta.

Así es como tiene que proceder: mida con precisión la longitud y la anchura de sus habitaciones, de los pasillos, escaleras y corredores con una cinta métrica. No se olvide de señalar el emplazamiento de hornacinas, saledizos, trasteros y otros rincones similares. Es preferible dibujar el plano sobre papel milimetrado. Para ello utilice una escala simple: 1 m = 1 cm. Recuerde también que el plano tiene que indicar el emplazamiento de paredes, puertas, escaleras, chimeneas y también de zonas problemáticas como las vigas maestras, los ángulos salientes, los ángulos de las habitaciones y las buhardillas. Dibuje también los fogones, los radiadores, las bañeras, las duchas, los inodoros, etc. También es necesario mencionar en el plano el sentido en el que se abren las puertas. Utilice colores diferentes; por ejemplo, el rojo para los puntos problemáticos, el negro para el propio plano, el azul para los objetos que pueden cambiarse de lugar como las camas, las mesas, las sillas, los sofás, los muebles pequeños y los armarios.

CÓMO ENCONTRAR EL CENTRO

Una vez terminado el plano exacto de su vivienda con todos los objetos movibles importantes y las zonas problemáticas, tendrá que encontrar el centro de la casa, del apartamento o de cualquier otra clase de vivienda escogida; esto es ne-

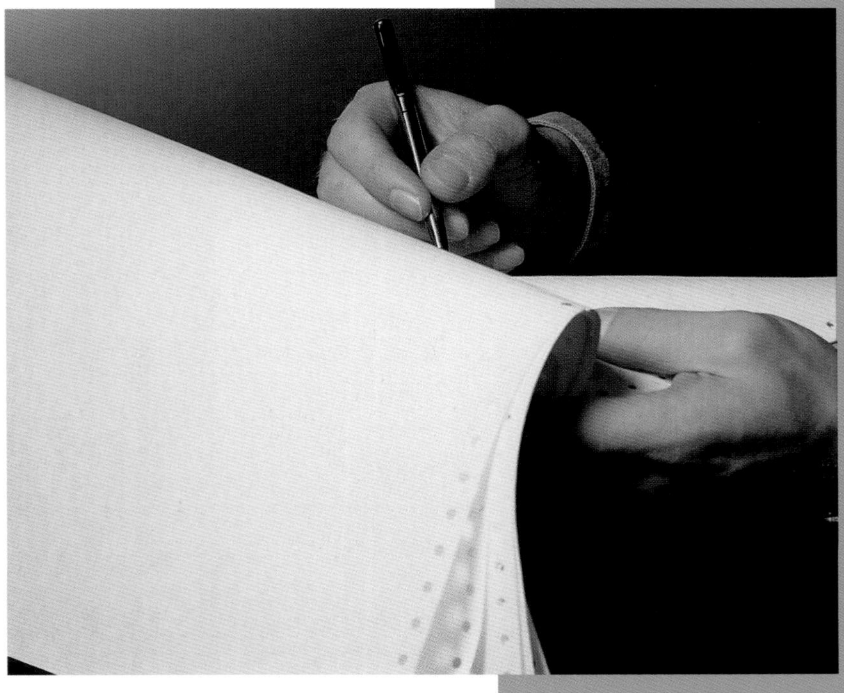

Material necesario

Para realizar el plano de su apartamento y la trama de las ocho direcciones, necesitará lápices de colores diferentes, un par de tijeras, una goma de borrar, una regla, un transportador, una aguja larga, una cinta métrica, un compás, una brújula, papel milimetrado transparente, una cartulina y papel fino.

cesario hacerlo en cada una de las distintas habitaciones y cada una de las plantas.

Ésta es la base indispensable para poder determinar las direcciones sobre su plano. Para las formas cuadradas o rectangulares es muy fácil encontrar el punto central: sólo hace falta unir con dos líneas diagonales las esquinas opuestas. El lugar donde se cruzan es el centro.

En cambio, las formas irregulares pueden entrañar alguna dificultad. Es posible calcular el punto central mediante las matemáticas, pero seguramente le resultará más fácil determinar este punto buscando el equilibrio con ayuda de una aguja larga, como la que se utiliza por ejemplo para rellenar los filetes de carne.

Para ello pegue el plano dibujado en el papel milimetrado sobre una cartulina y recorte el contorno del plano. Intente ahora equilibrar el plano recortado sobre la aguja larga, colocando la cartulina horizontalmente sobre la aguja. Al principio hay que ir tanteando, pero rápidamente obtendrá una cierta destreza que le ayudará a encontrar el equilibrio.

La cosa se pone más difícil cuando el punto medio de su apartamento o de su casa se encuentra fuera del plano. En este caso, ni el sistema de las diagonales ni la del equilibrio le serán de mucha ayuda. Las habitaciones o las viviendas en forma de L son las más problemáticas. Le aconsejamos lo siguiente:

complete la forma de L del apartamento o de la habitación con cartulina, de modo que forme un cuadrado o un rectángulo. Entonces podrá encontrar el punto medio con el sistema de las diagonales o el del equilibrio.

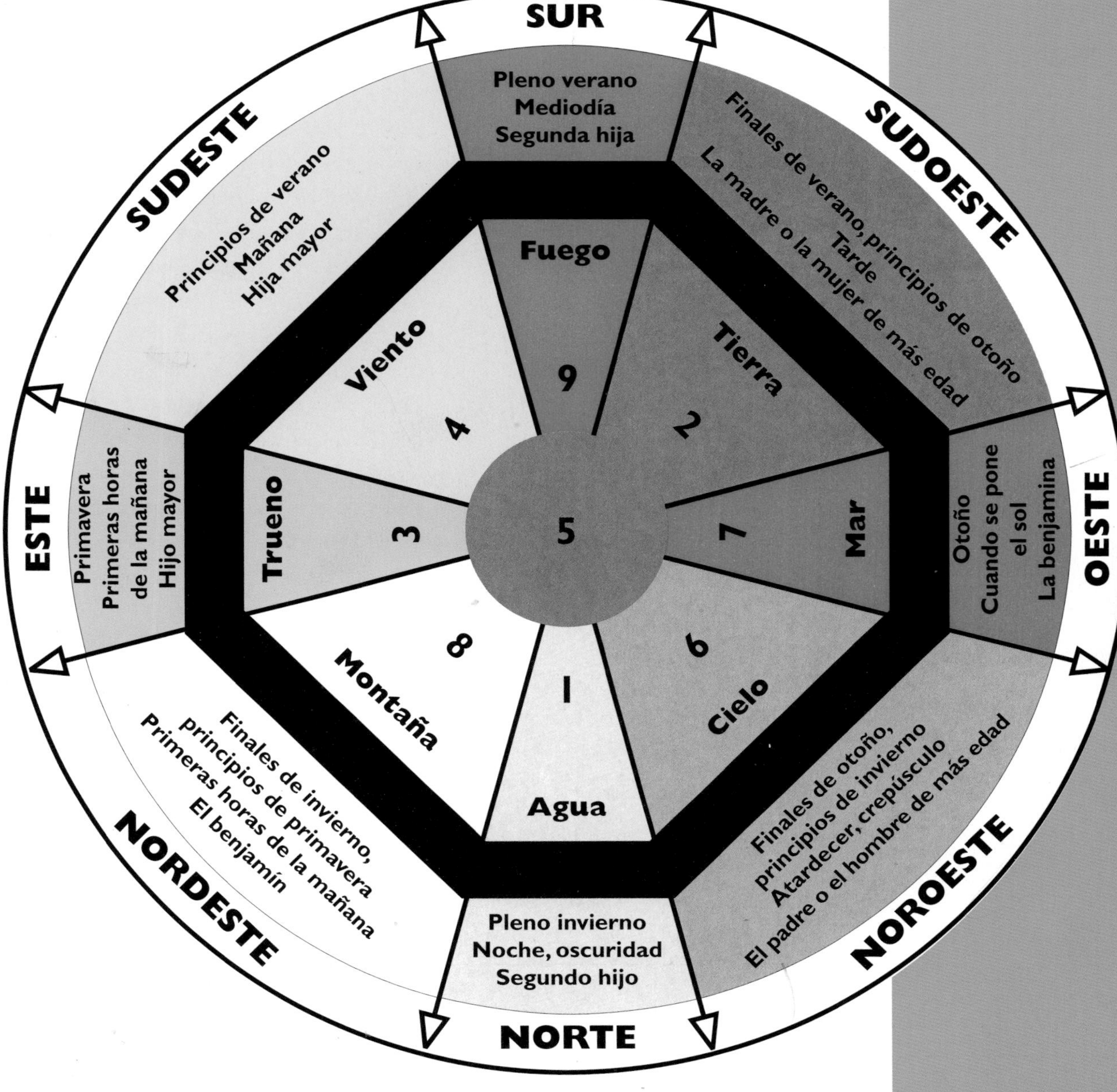

SUR
Pleno verano
Mediodía
Segunda hija

SUDOESTE
Finales de verano, principios de otoño
Tarde
La madre o la mujer de más edad

OESTE
Otoño
Cuando se pone el sol
La benjamina

NOROESTE
Finales de otoño, principios de invierno
Atardecer, crepúsculo
El padre o el hombre de más edad

NORTE
Pleno invierno
Noche, oscuridad
Segundo hijo

NORDESTE
Finales de invierno, principios de primavera
Primeras horas de la mañana
El benjamín

ESTE
Primavera
Primeras horas de la mañana
Hijo mayor

SUDESTE
Principios de verano
Mañana
Hija mayor

Fuego 9
Tierra 2
Mar 7
Cielo 6
Agua 1
Montaña 8
Trueno 3
Viento 4
5

EL ESQUEMA DE LAS OCHO DIRECCIONES

Éste es el esquema de las ocho direcciones. Representa en forma gráfica los componentes más importantes que van a definir cada dirección (*véanse* también la página 22 y siguientes) con sus colores, los símbolos del agua, la montaña, el trueno, el viento, el fuego, la tierra, el mar y el cielo, los miembros de la familia correspondientes, representados también en los ocho trigra-

mas, los números del cuadrado mágico, el momento del día y la estación del año correspondiente.

La parte central del dibujo, con el número 5, representa el tai chi, la energía vital. No simboliza ninguna dirección, sino que se encuentra tanto en el centro de la vida como de la habitación.

Para prepararlo usted mismo, puede copiar sobre papel el esquema de las ocho direcciones o reproducirlo con ayuda de un compás y un transportador, y después recortarlo. Las diferentes escuelas de feng shui interpretan el esquema de las ocho direcciones de forma diferente. La más habitual es dividir el círculo del esquema en cuatro segmentos de 30° y en otros cuatro de 60°.

Copie o dibuje de nuevo el esquema sobre papel transparente para poder ver el plano de su casa o apartamento una vez lo haya colocado encima. A continuación, con la ayuda de una brújula tiene que encontrar el polo magnético de su plano.

Es muy importante tener en cuenta el hecho de que la precisión de la brújula puede verse alterada por ciertos detalles, como por ejemplo la presencia de aparatos eléctricos, de metal o de imanes, pero también por el agua o las tuberías de gas.

Coloque la brújula en el punto central que antes habrá determinado. Haga girar la brújula hasta que la aguja señale la dirección norte. Marque este punto sobre su plano y únalo al punto central. Coloque entonces el esquema de las ocho direcciones que habrá dibujado en papel transparente sobre el plano. Superponga los puntos del centro con el polo norte magnético y la dirección norte, de esta manera obtendrá todas las direcciones de su casa, apartamento u oficina.

Para determinar las direcciones de cada una de las habitaciones de su vivienda, busque ahora su punto central y coloque el esquema de las ocho direcciones sobre cada una de ellas.

PEQUEÑAS CAUSAS, GRANDES EFECTOS: LA PRÁCTICA DEL FENG SHUI

Probablemente podrá constatar que su casa, desde el punto de vista de su energía, no corresponde a la imagen ideal del feng shui. Llegados a este punto quisiéramos ofrecerle algunos medios gracias a los cuales podrá disminuir o acrecentar ciertas energías sin grandes dificultades ni gastos importantes. La única condición para ello es saber exactamente qué es lo que pretende: ¿quiere concentrar ciertas energías, dispersarlas, desviarlas, disminuirlas o hacerlas renacer?

EL ORDEN Y LA LIMPIEZA SON LA PRIMERA REGLA

En el feng shui, la armonía y la felicidad están directamente relacionadas con la limpieza. En efecto, todos los objetos, incluso los más superficiales, irradian energía y pueden ser en parte responsables de una disonancia energética existente. Es por ello que en la aplicación del feng shui el «orden» ocupa el primer puesto de la lista.

Seguramente habrá experimentado esa sensación de no decidirse a separarse de un objeto, de una prenda de ropa o alguna otra cosa que ya hace tiempo que no utiliza. La mayoría de las veces esto significa que, inconscientemente, no ha dejado atrás ese pasado, todavía está ligado a él. Pero como los objetos que ya no utiliza crean una energía negativa, si desea crear un clima energético armonioso dentro de sus cuatro paredes, deshágase en primer lugar de los objetos que han dejado de ser importantes para usted y haga espacio para otros nuevos. Así evitará los estantes o armarios demasiado llenos.

Seguramente sabe que el hecho de tirar trastos tiene un efecto liberador sobre el alma y el espíritu. Cuando termina una relación de varios años, todavía se vive durante cierto tiempo en el pasado. Éste no le deja en paz. No consigue concentrarse ni en el trabajo ni en sus amigos.

El sentido del feng shui consiste ante todo en no tomarse las soluciones propuestas como una «necesidad» absoluta. Tiene que ir experimentando con las formas, los colores, las luces y los objetos. Lo importante es sentirse bien. Deje que fluyan sus emociones y su intuición. Manténgase alejado de los objetos que no correspondan a su idea de belleza, aun cuando se los propongamos en estas páginas.

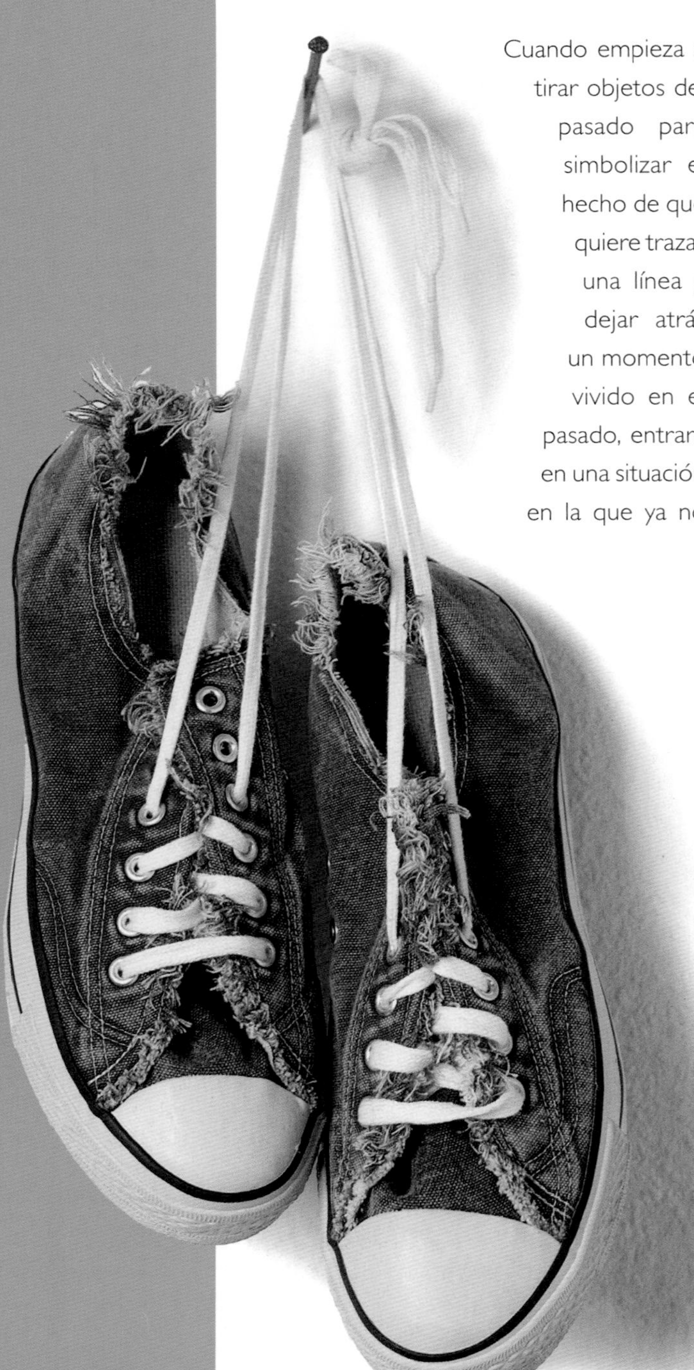

Cuando empieza a tirar objetos del pasado para simbolizar el hecho de que quiere trazar una línea y dejar atrás un momento vivido en el pasado, entrará en una situación en la que ya no habrá nada en su casa que le recuerde ese pasado. Recuperará el interés por su trabajo cotidiano y de nuevo disfrutará la compañía de sus amistades.

CAMBIAR LOS MUEBLES DE LUGAR A VECES HACE MILAGROS

Otra posibilidad para conseguir una nueva armonía en su hogar consiste en cambiar los muebles de lugar y colocarlos en lugares donde la energía es más favorable. Así dará a la estancia no sólo un nuevo carácter, sino que muy pronto sentirá los efectos positivos sobre su entorno energético.

Procure que los muebles no interfieran en la energía qi situándolos allí donde esta fluye, a no ser que sea eso precisamente lo que usted desee.

En el capítulo «Felices y sanos en casa» encontrará ejemplos concretos de cómo se pueden colocar en una habitación muebles como la cama, el sofá, las mesas y las sillas (*véanse* pág. 45 y siguientes).

En ningún caso coloque los muebles con ángulos agudos en dirección a usted. Podría correr el riesgo de que el qi cortante (sha) desestabilizara su propia energía qi. Procure también que el centro de la casa o de una habitación en concreto esté, si es posible, libre y ordenado.

LUZ Y COLOR

Una condición necesaria para conseguir una energía qi suficiente en una habitación es la presencia de una iluminación difuminada y cálida. Esto ha sido confirmado a través de la observación realizada en el caso de numerosas personas que durante los meses oscuros del año, en especial noviembre, sufren un tipo de depresión denominada «depresión estacional». Gracias a la terapia lumínica, durante la cual los pacientes, sentados, reciben una determinada frecuencia de luz durante un cierto tiempo, puede constatarse una desaparición de esta depresión.

Durante el día deje que entre el máximo de luz natural. Para ello descorra las cortinas y abra las ventanas e instale puntos de luz diferentes con intensidad variable en cada estancia. Puede iluminar fácilmente los rincones oscuros y deprimentes, los huecos, las habitaciones sin ventanas o las buhardillas con lámparas de techo o de pared. Seguramente su casa tendrá rincones mal iluminados. Si consigue mejorar la luminosidad, rápidamente se dará cuenta de que la energía qi de esos lugares se habrá acentuado.

De la misma manera que con las lámparas, puede acrecentar la energía qi de una habitación determinada con la ayuda de velas encendidas en lugares concretos.

También puede aumentar, disminuir, crear o suprimir el qi de una habitación gracias al color. Así por ejemplo, con los colores yang agresivos como el rojo y el naranja, debilitaría la energía apaciguadora y tranquila de un dormitorio, lo que tendría un efecto negativo

	Qi acumulado según los tonos	**Qi constante según los tonos**	**Qi debilitado según los tonos**
Norte	del rosa al rojo, del blanco al gris	blanco roto	verde claro, del verde oscuro al azul
Nordeste	púrpura	blanco, del amarillo al marrón, negro	del rojo al rosa, del blanco al gris
Este	del blanco roto al crema	verde claro, del verde oscuro al azul	púrpura
Sudeste	del blanco roto al crema	verde claro, del verde oscuro al azul	púrpura
Sur	verde claro, del verde oscuro al azul	púrpura	blanco brillante, del amarillo claro al marrón, negro
Sudoeste	púrpura	negro, del amarillo al marron, blanco brillante	del rojo al rosa, del blanco al gris
Oeste	blanco, del amarillo al marrón, negro	del rojo al rosa, del blanco al gris	del blanco roto al crema
Noroeste	blanco, del amarillo al marrón, negro	del blanco al gris, del rojo al rosa	del blanco roto al crema

a la hora de dormir. En cambio los colores yang tienen un efecto muy positivo en el despacho. La energía qi de las ocho direcciones también está influida de forma positiva o negativa por los colores.

El cuadro de colores (*véase* esquema de arriba) le ayudará a escoger el más adecuado. El amarillo, es favorable para todas las direcciones.

CUADROS

Cada persona interpreta los cuadros y las obras de arte de forma diferente. Lo que usted encuentra bello y armonioso puede resultar feo y disonante para otra persona. Para la decoración de su hogar fíese sólo de su gusto personal. Solamente usted puede juzgar el efecto positivo o negativo de una obra de arte sobre su entorno energético.

De cualquier forma es importante tener en cuenta algunos detalles antes de comprar un cuadro. Un número excesivo de cuadros o de obras de arte en una habitación podrían tener un efecto paralizador a causa de los flujos de energía recíprocos.

No sobrecargue su habitación con objetos decorativos. Utilice preferentemente marcos de madera o de metal en lugar de cristal. Evite los cuadros de colores oscuros y opresivos, especialmente en los dormitorios o las habitaciones infantiles. Los cuadros que representan motivos positivos como niños riendo y jugando, escenas de la vida cotidiana apacibles y paisajes o marinas agradables tienen un efecto positivo y relajante sobre la mente.

ESPEJOS

Los espejos desempeñan un papel fundamental en el feng shui. Pueden influir sobre el flujo de energía qi. Los espejos también pueden reflejar el flujo de energía y desviarlo. Así pues, con la ayuda de unos espejos puede dirigir la energía qi o generarla en los rincones donde el qi está estancado. También puede reducir un exceso de energía o desviar una corriente de qi nefasta.

La forma del espejo es esencial en lo que se refiere a su eficacia. Es por ello que en el feng shui sólo se utilizan los espejos lisos y convexos. Los primeros dirigen la energía qi en una única dirección, mientras que los segundos la distribuyen en varias direcciones.

El espejo octogonal ocupa un lugar importante en el feng shui. Los ocho lados del espejo recuerdan los ocho trigramas y las ocho direcciones. El marco octogonal puede atrapar el qi, aumentarlo o desviarlo en función de la forma del espejo del interior del

Las reglas que hay que respetar para los espejos

- *Los espejos deben ser lo suficientemente grandes para reflejar la totalidad del rostro o del cuerpo.*
- *No coloque dos espejos uno frente al otro; el qi que circularía entre ellos se iría proyectando del uno al otro sin poder ir más allá.*
- *Evite dormir frente a un espejo. Los pensamientos o las emociones negativas que emiten qi negativo durante el sueño volverían a usted.*
- *No coloque ningún espejo sobre el marco de una ventana. El flujo de energía qi que circula por la ventana correría el riesgo de ser frenado o interrumpido.*
- *Tampoco cuelgue ningún espejo de cara en las puertas o ventanas. La energía qi entrante sería entonces proyectada hacia el exterior.*
- *Mantenga siempre limpios sus espejos. Cambie de inmediato cualquier espejo roto.*

marco. Los espejos redondos tienen más yang y contribuyen a retener la energía qi. Los ovales en cambio poseen más yin y tienen tendencia a distribuir la energía qi.

Otra ventaja de los espejos es que nos permiten dirigir la energía hacia lugares concretos de la estancia que están faltos de ella. Así, por ejemplo, puede enviar energía hacia los rincones oscuros y los pasillos.

Si desea evitar que la energía desaparezca al pasar por las puertas de habitaciones auxiliares como los servicios, el cuarto de baño, la ducha o el trastero, puede colgar en la puerta correspondiente un pequeño espejo a la altura de la cara. El espejo reflejará entonces la energía qi hacia el apartamento. En lugar de espejos puede utilizar también superficies reflectantes sobre una puerta, aunque será necesario que esa puerta permanezca cerrada cuando no se esté utilizando. Los pequeños espejos octogonales o redondos son los más adecuados para ello.

Con los espejos convexos se puede disipar la energía sha nefasta, llamada también energía cortante. De esta manera podrá desviar la energía cortante de un ángulo saliente.

Gracias a los espejos, también es posible librarse de zonas energéticas problemáticas; por ejemplo, puede conseguir que el flujo rápido de la energía qi que circula por los pasillos largos vaya más despacio, gracias a unos espejos situados de forma alterna a ambos lados del pasillo, cerca de las puertas que dan a éste; colocados al fondo del largo pasillo sólo consiguen doblar su longitud. Las habitaciones pequeñas con espejos grandes y lisos parecerán más espaciosas. Este efecto se acentuará, ya que el espejo dirige la energía qi a través de toda la habitación.

Cuando esté sentado en un despacho, de espaldas a la puerta o en el interior de la habitación, un espejo puede resultar muy positivo ya que puede proporcionar una agradable sensación de seguridad en cualquier estancia.

Si usted no puede cambiar los muebles de lugar, la solución consiste en colocar un espejo sobre su mesa de despacho de tal manera que refleje la habitación que tiene detrás, creando una sensación de mayor amplitud.

En lugar de un espejo también puede utilizar superficies brillantes como marcos de cuadros cromados.

MÓVILES

Como en el caso de los carrillones tubulares, los móviles, gracias a su movimiento, producen vibraciones en el aire que enriquecen el qi. Los móviles se encuentran con frecuencia en las habitaciones infantiles. Tienen un efecto tonificante si son de metal yang brillante o tranquilizador si son de tela yin suave. En ningún caso debe colgar un móvil directamente sobre la cama, el mejor lugar para colgarlos es en el centro de una estancia o de la casa. La energía de la habitación se verá aumentada y al mismo tiempo se estabilizará. En las habitaciones sin vida, como los cuartos de baño o las cocinas, los móviles contribuyen a la armonización de la energía qi.

Evite los cristales puntiagudos

No decore su apartamento con cristales en forma de pirámide sin pensarlo bien antes. En efecto, las puntas de las pirámides emiten fuertes corrientes energéticas que pueden actuar como flechas emponzoñadas o como qi cortante. Puede atenuar este qi cortante colocando el cristal cerca de una planta.

SONIDOS

Los sonidos armoniosos situados por ejemplo a la entrada de la casa estimulan el qi y generan un ambiente agradable, relajante y positivo. Los carrillones, ya sean tubulares o no, también se pueden utilizar para separar dos espacios de una misma habitación cuando no hay espacio suficiente para colocar armarios o biombos, por ejemplo una sala de estar que tenga un rincón utilizado como despacho. Gracias a los carrillones podrá reducir la diferencia energética existente entre la zona de reposo y la de trabajo. Según la elección del material de los carrillones, generalmente metal, madera o cerámica, conseguirá aumentar o disminuir la energía del elemento metal, madera o tierra.

CRISTALES

Los cristales, igual que los espejos, tienen un papel fundamental en el feng shui. La mayoría de las veces se usan bolas de vidrio tallado en facetas que se cuelgan cerca de las ventanas. Los corazones y las lágrimas de cristal también son muy apre-ciados. Cuando la luz pasa a través de un cristal, ésta se descompone en los colores del espectro, que son del arco iris. Cada uno de los colores del espectro irradia su propia energía qi hacia la habitación. A través de un cristal también puede emitirse el qi negativo llamado «flechas emponzoñadas» en el feng shui. Las radiaciones de los ordenadores, de las pantallas de los televisores y de los ordenadores, de los teléfonos móviles o de los microondas son algunas de estas «flechas emponzoñadas».

PLANTAS DE INTERIOR

Las plantas de interior son uno de los mejores medios para aumentar el qi de forma natural. Son portadoras de una nueva fuerza de vida. Cuando combine diferentes plantas en su casa, podrá conseguir que sus diferentes cualidades se complementen y permitan así la circulación de una corriente de qi equilibrada. De todos modos hay que procurar que las plantas de hojas angulosas o puntiagudas de aspecto amenazador, como por ejemplo el drago o la yuca, no se encuentren cerca de los rincones, ya que podrían generar qi cortante (sha) y alterar su bienestar. Por lo general, los cactus con espinas son poco recomendables, a menos que los asocie positivamente a una zona bagua. Escoja pues plantas de hojas anchas, redondeadas, «amistosas» y con un aspecto suave, elegante y lozano. Las de aspecto marchito y descuidado sólo conseguirán disminuir el qi de donde estén. Las plantas y también las flores son ideales para los lugares donde la energía qi es deficitaria. Por ejemplo, generan y acrecientan el qi en los rincones oscuros o bajo los tejados. Como las plantas necesitan luz para vivir, deberá colocar en los rincones oscuros solamente aquéllas que puedan crecer sin dificultad en la sombra, como la hiedra.

En la página siguiente encontrará un breve resumen de las plantas y las flores que fortalecen el qi de los cinco elementos.

Plantas/flores	Refuerzan	Lugar apropiado
Ciclamen	energía tierra	sur, sudoeste, nordeste, oeste, noroeste
Begonia	energía tierra	sud, sudoeste, nordeste, oeste, noroeste
Hiedra	energía agua	norte
Crasuláceas	energía metal	oeste, noroeste, norte
Jacinto	energía madera	este, sudeste
Aráceas	energía metal	Al lado del ordenador, del teléfono móvil (la planta elimina la radiación eléctrica)
Palma	energía fuego	este, sudeste, sur, sudoeste
Violeta africana	energía fuego	este, sudeste, sur, sudoeste, noreste
Ponsetia	energía fuego	cualquier lugar
Helecho	energía madera	este
Pensamiento (amarillo)	energía tierra	sudoeste
Dalia	energía metal	noroeste
Orquídea (color crema)	energía agua	norte
Tulipán	energía metal	oeste
Mimosa	energía central	en el medio
Anémona	energía metal	oeste
Girasol	energía fuego (en flor), energía tierra (color)	sur (en flor), sudoeste (color)
Rosa	energía metal (capullo), energía fuego (flor abierta)	oeste(capullo), sur (flor abierta)

Resolver los problemas de energía mediante las plantas

Es posible aminorar la energía rápida que circula por los lugares alargados, como los pasillos, colocando en cada extremo una planta frondosa. Estas plantas también generan un qi suplementario en la cocina. En los dormitorios, las plantas que poseen más yin, como la azucena, favorecen un ambiente tranquilo y un qi armonioso. En los rincones de las habitaciones, las plantas que tengan más yang estimularán la circulación del qi estancado. Para ello utilice por ejemplo una yuca o un drago.

LAS PLANTAS SON FUERZA VITAL

Lo mismo que ocurre con los demás medios utilizados por el feng shui, es posible que encuentre plantas que le resulten beneficiosas y que no figuren en nuestra relación. Observará que un ramo de flores de vivos colores, en especial durante los meses más oscuros del año, fortalece su qi.

También es importante que aprenda a cuidar de sus plantas. Deberá regarlas en función de su necesidades, abonarlas, colocarlas en el lugar apropiado, mimarlas y de vez en cuando darles una ligera ducha en la bañera.

AGUA

El agua es un medio importante para el feng shui que mueve y estimula el qi. Podemos encontrarla por ejemplo bajo la forma de un acuario, que representa una fuente ideal de energía qi en el hogar. El qi del agua en movimiento, en este caso, se junta con el de las plantas y los animales. Utilice sólo plantas y peces vivos. También puede añadir guijarros o conchas marinas.

Los peces pueden influir de manera positiva o negativa sobre la energía qi existente según su forma, color o comportamiento. Así, los peces rápidos y agresivos poseen más energía yang y facilitan el flujo de energía qi dinámico. Los peces de colores vivos, por ejemplo el rojo, actúan como estimulantes. En cambio, los que son más tranquilos y de movimientos lentos, como los bagres o los de tonos pastel, poseen más energía yin y generan un ambiente más tranquilo y relajado. En lugar de un acuario también puede utilizar una fuente o cascada de interior, que son decorativas y especialmente relajantes. Las fuentes, las cascadas o los saltos de agua poseen un componente tanto visual como auditivo que crean ambientes apacibles donde deleitar tanto el sentido de la vista con el del oído.

Al igual que el agua, los cuadros que representan cascadas o paisajes acuáticos estimulan la energía qi.

SÍMBOLOS

Tanto en la filosofía oriental como en la occidental, los símbolos tienen un significado especial. Pueden representar protección, poder o suerte, como la herradura o el trébol de cuatro hojas. En nuestro país cada vez se ven más objetos de este tipo, como leones de piedra o algún motivo similar colocados a la entrada de las casas, que sirven como protección contra los malos espíritus. En China y en el feng shui, se utiliza para ello el Templo de los Leones, que desvía el qi cortante. El espejo octogonal del bagua también tiene la misma función.

FELICES Y SANOS EN CASA

LAS FUNCIONES DE LAS HABITACIONES

La dirección en la cual está situada una habitación con respecto al centro de la casa es esencial en cuanto a la calidad de la energía qi dominante en esa estancia.

Como ya hemos visto en los capítulos precedentes, cada actividad está vinculada con formas de energía diferentes. Cuando decida la forma en que quiera distribuir su vivienda, deberá tener en cuenta sus necesidades personales pero también la actividad ejercida en cada estancia y el número de horas que piensa pasar en ella.

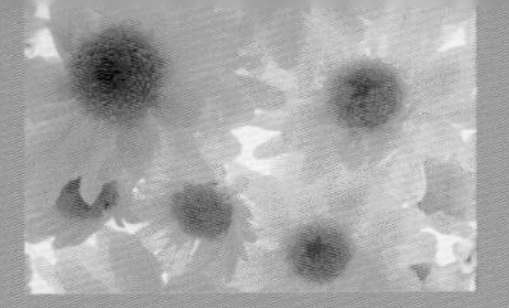

Si puede decidir la distribución de las habitaciones, procure que cada una de ellas esté situada en la dirección por donde circula la mejor energía para favorecer la actividad que se dispone a desarrollar. Es aconsejable que se cuestione la forma en que ha distribuido las diferentes estancias de su hogar o su oficina, ya que puede «descubrir» la existencia de espacios que hasta ese momento habían pasado desapercibidos.

De todos modos no siempre le será posible tomar esta decisión. El aspecto económico o los problemas prácticos de construcción a menudo limitarán su elección. Esto significa que deberá utilizar los medios descritos entre las páginas 33 y 44, que son sencillos y poco costosos, para optimizar el flujo de energía qi.

En este sentido el feng shui puede ayudarle. La forma en que creará el qi necesario en una habitación está basada en los principios ya expuestos del yin y del yang, de los cinco elementos y de las ocho direcciones. Lo esencial es proceder paso a paso. Empiece por el principio del yin y del yang y después continúe con los cinco elementos y las ocho direcciones. Cuanto más profundos sean el conocimiento y la práctica del feng shui, más rápidamente entenderá que estos tres principios pueden utilizarse en paralelo.

CÓMO APLICAR LOS PRINCIPIOS DEL YIN Y DEL YANG, DE LOS CINCO ELEMENTOS Y DE LAS OCHO DIRECCIONES

Para poder utilizar los tres principios del yin y el yang, los cinco elementos y las ocho direcciones en su casa, en la oficina o en una habitación en concreto, es fundamental colocar el esquema de las ocho direcciones sobre el plano de la vivienda. Entonces le resultará fácil determinar la situación de cada habitación con respecto al centro de la casa.

HABITACIONES YIN Y HABITACIONES YANG

En el hemisferio norte el lado yang soleado de la casa se encuentra en el sudeste, el sur y el sudoeste; la cara yin, a la sombra, se encuentra al noroeste, al norte y al nordeste.

Así, en el norte reina la energía yin más intensa y en el sur la energía yang. Entre el norte y el sur el yin decrece y el yang aumenta, en el sentido de las agujas del reloj. Entre el sur y el norte pasa exactamente lo contrario.

En la práctica esto significa que las actividades como el deporte, el trabajo, la cocina o el juego deben ser practicadas en las estancias donde domina la energía yang. Las ocupaciones más bien pasivas como escuchar música, ver la televisión, leer y dormir, deberán realizarse en los lugares donde domine la energía yin. Lo ideal sería que el dormitorio estuviera situado al norte, mientras que el despacho o la sala de juegos deberían estar al sur.

Esto se complica en el caso de habitaciones multiusos en las que se realizan varias actividades, como por ejemplo un salón que también se utiliza como despacho. En este caso habrá que dividir la estancia en dos áreas diferenciadas de forma que la parte del salón utilizada como descanso esté situada más bien en la dirección yin, es decir, al noroeste, y la zona de trabajo, en la parte sudoeste.

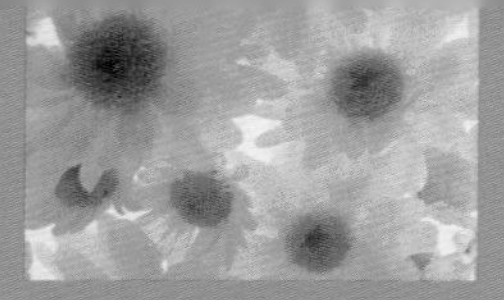

La interacción entre los cinco elementos determina su desarrollo y su influencia sobre su entorno. Podrá aumentar la energía qi de una estancia, desviarla, aminorarla o, incluso, neutralizar las malas influencias.

LA DISTRIBUCIÓN DE LA HABITACIÓN SEGÚN LOS CINCO ELEMENTOS

Como ya indicamos en la página 15, la energía qi enriquece cada uno de los cinco elementos (agua, madera, fuego, metal, tierra) con cualidades concretas, pero también debilita a otros.

- Fuego (sur):
  esta energía estimula el espíritu, la espontaneidad, la sociabilidad, la pasión y la creatividad. Impide las facultades de relajación y concentración, la objetividad y la estabilidad emocional. Los efectos negativos de la energía fuego son los estados de irritabilidad, el estrés y un sentimentalismo demasiado intenso. Las personas tímidas, encerradas en sí mismas y solitarias pueden beneficiarse de esta energía fuego.

- Metal (oeste/noroeste):
  la energía qi del metal fortalece las cualidades de gestión y la capacidad organizativa, y ayuda a gestionar las finanzas. Por ello favorece a las personas desprovistas de sentido de la organización, que no saben dirigir ni autodisciplinarse. Su energía qi perjudica no obstante el lado emocional y el dinamismo. Es por ello que un exceso de energía metal puede conducir a la introversión y a una falta de sociabilidad.

- Madera (este/sudeste):
  la energía qi del elemento madera actúa positivamente sobre la vida profesional, la actividad, la capacidad de concentración y la creatividad. Ayuda a las personas jóvenes que empiezan su carrera profesional y a quienes les falta confianza en sí mismos. El elemento madera perjudica la capacidad de relajarse, de mostrarse paciente, de sentirse seguro o satisfecho. Así pues una incapacidad para relajarse o una hiperactividad se podría deber a a este elemento.

- Tierra (sudoeste/centro/nordeste):
  la energía qi del elemento tierra representa seguridad, solicitud, armonía familiar, vida de familia y cooperación. Las personas que tengan problemas familiares se beneficiarán de esta energía, igual que las que tengan un gusto por el riesgo. Además, el elemento tierra frena la ambición y la espontaneidad, por lo cual un exceso puede conllevar aburrimiento.

- Agua (norte):
  la energía qi del elemento agua es responsable de la serenidad interior, de la actividad sexual, del sueño, de la objetividad y de la cordialidad. Por ello es adecuada para las personas que sufren de estrés y de insomnio o que tienen problemas sexuales. Por otro lado, el agua perjudica la actividad y puede conducir por tanto a la soledad.

He aquí un ejemplo de la manera en que puede utilizar las cualidades de los elementos en la distribución de las habitaciones: cuando sufra de estrés y de insomnio puede aprovechar la energía del agua que reina en el norte, disponer el dormitorio en el norte podría resolver su problema. Además, el sueño es una actividad yin, que se encuentra en su punto álgido también en el norte.

LA DISTRIBUCIÓN DE LAS HABITACIONES SEGÚN LAS OCHO DIRECCIONES

Al igual que la energía del yin y del yang o de la de los cinco elementos, la energía qi de las ocho direcciones actúa de forma positiva o negativa:

- El **norte** refuerza la independencia, la creatividad y la madurez, pero genera soledad, preocupación e incertidumbre.

- El **nordeste** genera sentimiento de competencia, motivación personal y disciplina, pero también nerviosismo, insomnio y pesadillas.

- El **este** estimula la actividad, la confianza en uno mismo, el optimismo, la creatividad y la atención por el detalle. Un exceso de esta energía puede conllevar el riesgo de una actitud impaciente, que no tiene en cuenta ningún miramiento o de una ambición desmesurada.

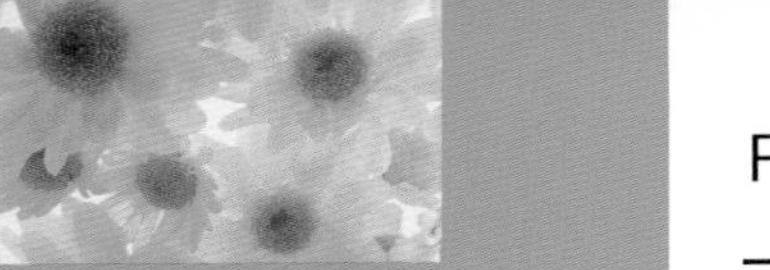

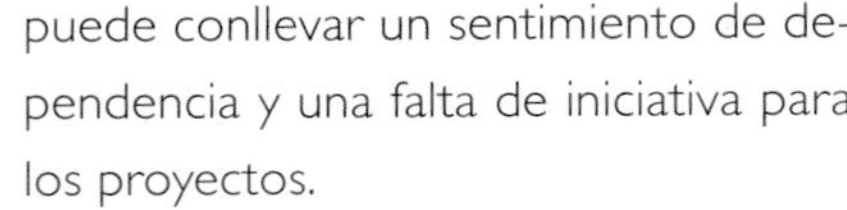

- El qi del **sudeste** es positivo para la creatividad, la comunicación y la interacción, pero también favorece la obcecación y la susceptibilidad.

- El **sur** genera pasión, actividad y reconocimiento público. Relacionados con ellos están también el estrés, la inestabilidad y la irritabilidad.

- La energía qi del **sudoeste** refuerza la armonía familiar, el sentido de la economía y la amistad, pero también el hecho de ser excesivamente precavido, lo que puede conllevar un sentimiento de dependencia y una falta de iniciativa para los proyectos.

- La energía qi del **oeste** se caracteriza por un don para gestionar el dinero, el romanticismo y la diversión. Puede llevar a gastar excesivamente y a una dependencia del juego.

- El **noroeste** reúne las cualidades de gestión y organización, el sentido de la responsabilidad y la sabiduría. Las consecuencias negativas de esta energía son la autoridad, la arrogancia y una actitud perentoria.

El feng shui le ofrece numerosas posibilidades para distribuir su hogar de manera que el flujo de energía sea el más adecuado para usted. No se equivocará si dispone su vivienda tal como le indicamos a continuación:

- Sur:
  vestíbulo, despacho, sala de estar.

- Sudoeste:
  sala de estar, sala para el ocio.

- Oeste:
  dormitorio, sala de estar, comedor.

- Noroeste:
  dormitorio, comedor, despacho.

- Norte:
  sala de estar para ver la televisión o leer, dormitorio.

- Nordeste:
  sala de juegos.

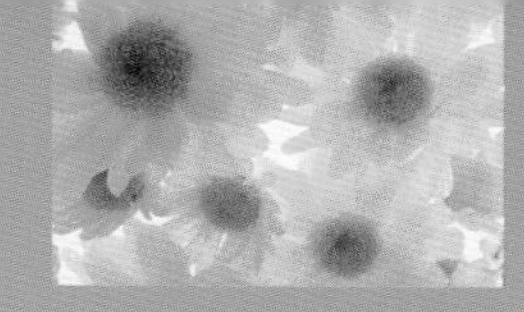

Las orientaciones óptimas para el comedor son el oeste, el noroeste, el este y el sudeste.

- Este:
  cocina, despacho, comedor, habitación de los niños, cuarto de baño.

- Sudeste:
  cocina, despacho, sala de estar para ver la televisión o leer, comedor, dormitorio, cuarto de baño.

LA SALA DE ESTAR

La sala de estar representa el punto central de reunión de las personas que conviven en una casa. Aquí es donde se desarrollan las diferentes actividades.
Se utiliza para relajarse después del trabajo, para leer, escuchar música o ver la televisión. Por otro lado, la sala de estar representa

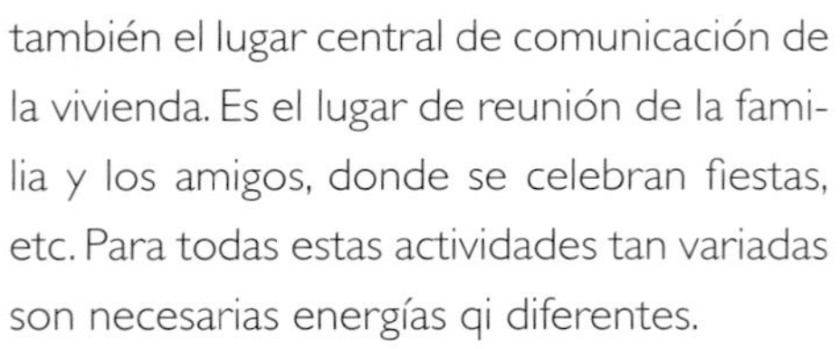

también el lugar central de comunicación de la vivienda. Es el lugar de reunión de la familia y los amigos, donde se celebran fiestas, etc. Para todas estas actividades tan variadas son necesarias energías qi diferentes.

Esto significa que la sala de estar debe ser lo bastante grande en relación a las demás habitaciones; si no fuera así la energía qi podría estancarse. Si su sala de estar es demasiado pequeña podría crear más sensación de espacio con unos espejos. De esta forma también puede generar energía qi positiva en las estancias largas, estrechas o en forma de L.

La sala de estar debe ser un lugar luminoso, donde llegue la luz del sol, lo que crea un ambiente positivo en el que apetece quedarse. Gracias a la luz del sol la energía qi aumenta y el flujo de energía de la habitación se ve estimulado.

Es por ello que en el feng shui se proponen estas direcciones para la sala de estar: sur, sudoeste, sudeste y oeste. El sur es la mejor de todas. Allí se encuentra la energía madera ascendente. Para que esta energía circule lo mejor posible no hay que colocar objetos ni muebles grandes en la sala de estar: evite esos enormes muebles repletos de trastos.

Evite también las plantas de hojas puntiagudas como la yuca, en especial en los rincones del salón, porque producen qi cortante.

Como ya hemos señalado, el orden y la limpieza son condiciones esenciales para un qi positivo. Es por ello que hay que procurar que tanto la sala de estar como el resto de habitaciones estén ordenadas. No sobrecargue los estantes y las mesitas con un exceso de objetos. Procure, si es posible, que el centro de la estancia permanezca vacío. Deje entrar la luz del sol durante el día, porque genera qi positivo. No coloque demasiados muebles en la sala de estar porque el qi podría estancarse. Evite los ángulos salientes que generan energía qi cortante (sha).

Si eso no fuera posible, las plantas con abundantes hojas ayudarán a desviar ese qi cortante. Puede reforzar la energía madera gracias a unas lámparas que dirijan la luz hacia arriba. Una sala de estar con una energía positiva estará compuesta por un rincón amueblado con butacas, sofás y sillas. Habrá que intentar orientar este conjunto de tal forma que el centro de la habitación sea visible desde los diferentes asientos. Si desea aprovechar una dirección en concreto, tendrá que sentarse frente a ella. Lo mejor es dar la espalda a la pared.

Si por ejemplo la dirección que desea es el este, puede sentarse en el oeste y mirar hacia el este.

Obtendrá un ambiente armonioso en su sala de estar cuando instale el rincón amueblado en forma circular, cuadrada o de polígono. Unos pequeños muebles, plantas o lámparas pueden completar este polígono. Evite sentarse dando la espalda a la puerta o a las ventanas. Procure que el rincón dedicado al salón no esté frente a un qi cortante, es decir, que si fuera así tendrá que recolocar los objetos con aristas o ángulos salientes.

EL DORMITORIO

Es en el dormitorio donde pasamos la mayor parte del tiempo. Por esta razón hay que colocar la cama en un lugar donde podamos aprovechar la energía liberada mientras dormimos. Por lo general el dormitorio suele ser el único lugar donde disfrutar de un poco de intimidad, sobre

Procure que el centro de cada estancia y de la vivienda esté lo más vacío posible.

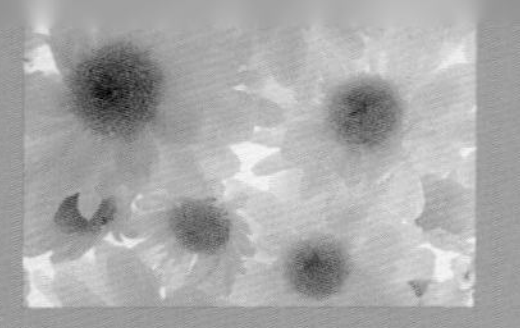

todo en el caso de las familias numerosas. Las orientaciones favorables para el dormitorio son el norte, este, sudeste, oeste y noroeste.

El oeste sería el más adecuado. En esta dirección la energía qi aporta calma y un sueño reparador. El placer y la diversión también forman parte de las cualidades beneficiosas de la energía qi del oeste.

Procure que la iluminación de su dormitorio sea suave, para tener un ambiente relajado, sereno e íntimo.

En el dormitorio también debe reinar el orden. No deje pues nada tirado por suelo.

Para conseguir un habitación ordenada es imprescindible un buen armario. Los empotrados que van de un extremo al otro de la habitación evitan que se forme qi cortante.
Los espejos no son adecuados para los dormitorios, ya que activan el qi en una estancia pensada para la relajación y el descanso, y reflejan cualquier movimiento, lo que puede sobresaltar a la persona que esté medio dormida. Si le resulta imprescindible tener uno en el dormitorio téngalo lo más lejos posible de la cama.
Los materiales yang como las superficies de vidrio, brillantes y duras, el metal o el mármol, aceleran la energía qi del dormitorio. Correría el riesgo de que influyeran negativamente sobre su sueño.
Si hay un cuarto de baño contiguo a su dormitorio no se olvide de cerrar la puerta durante la noche para que el qi favorable no se escape.

LA CAMA IDEAL

Para el feng shui la cama ideal es el futón, pero son muchas las personas a quienes no les conviene por diferentes motivos. Para escoger la cama más adecuada hay que prestar atención a los siguientes elementos: el material preferible para el somier es la madera, ya que no influye sobre el campo magnético. A diferencia de los somieres metálicos, no acelera la energía qi del dormitorio y permite un sueño más profundo y reparador. Las camas de agua no son aconsejables porque trasmiten una humedad que hace que la energía qi se estanque.
Gracias a la almohada su cabeza estará bien protegida del flujo rápido de la energía qi durante la noche. Si duerme con la cabeza contra la pared, entonces puede prescindir de la almohada.

Los espejos en el dormitorio provocan, entre otros efectos, una aceleración de la energía qi y perturban el sueño.

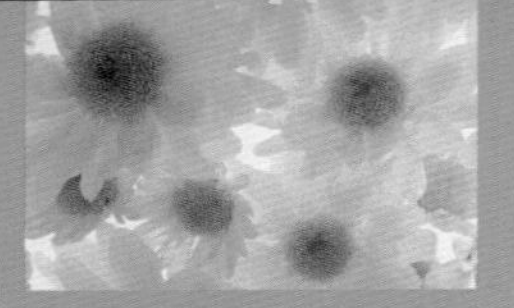

Igual que el somier, el colchón debe ser de materiales naturales. Evite los tejidos sintéticos de cualquier tipo. A causa de su electricidad estática podrían provocar un estado de cansancio y agotamiento. Piense que los colchones de muelles contienen piezas metálicas y por tanto pueden interferir en el campo magnético.

Las sábanas, mantas, fundas y colchas también tienen que ser de fibras naturales, a ser posible de algodón cien por cien, lana, etc. Las almohadas, los cojines y los edredones solamente deberían estar rellenos de plumas naturales. Es importante airear las sábanas todos los días, preferiblemente al aire libre, y por supuesto lavarlas con regularidad.

LA HABITACIÓN DE LOS NIÑOS

La habitación de los niños forma parte del grupo de estancias de varios usos. Los niños juegan y duermen allí. Es decir, que en esta habitación hay que estimular la actividad y la creatividad durante el día, pero tiene que reinar la tranquilidad por la noche.

Si duermen varios niños en la misma habitación, cada uno debería tener la posibilidad de retirarse a su pequeño rincón privado. Deje que su hijo se encargue de ordenar su propio cuarto; sólo él sabe lo que más le conviene.

en el este. El sudeste también ejerce una influencia positiva sobre el sueño.

En las habitaciones de los niños o en las salas de juego utilice lámparas de pared que proyecten la luz hacia lo alto para estimular la energía madera en el este.

Evite los objetos y los muebles con aristas o ángulos agudos, ya que generan qi cortante (sha) además de poder ser peligrosos. Utilice con frecuencia el color azul, porque tiene un efecto tranquilizador y colores más luminosos para la sala de juegos que estimularán la creatividad. No cuelgue jamás un móvil directamente sobre la cama, si quiere tener uno, el lugar idóneo es el centro de la habitación. Las plantas tampoco deben forman parte de la habitación de los niños ni tampoco es el lugar más indicado para los aparatos eléctricos como el televisor, el ordenador o el vídeo.

Habitúe a sus hijos a ordenar su cuarto por la noche, es cuestión de enseñarles bien. Si todavía son demasiado pequeños para ello, tendrá que hacerlo usted mismo. Para que la energía qi no circule con demasiada rapidez por la habitación hay que cerrar la puerta por la noche, bajar las persianas o correr las cortinas.

Las orientaciones ideales para la habitación de los niños son el este, el sudeste o el oeste con respecto al centro de su casa. Así entrará la luz del sol, por la mañana por el este y el sudeste o por la tarde por el oeste. Si la habitación infantil se sitúa en el este, reinará una energía qi muy estimulante, que podría perjudicar el sueño del niño. Podría ser que tuviera que disminuir un poco la energía qi de la estancia.

La ubicación ideal de la habitación infantil es el sudeste con respecto al centro de la casa. En este caso la actividad y la creatividad se estimulan, pero de forma más moderada que

Para conseguir un ambiente sereno y armonioso en la habitación infantil, elija cuadros alegres, alfombras suaves y colores pastel. Los colores luminosos para una sala o un rincón dedicado a los juegos estimulan la creatividad.

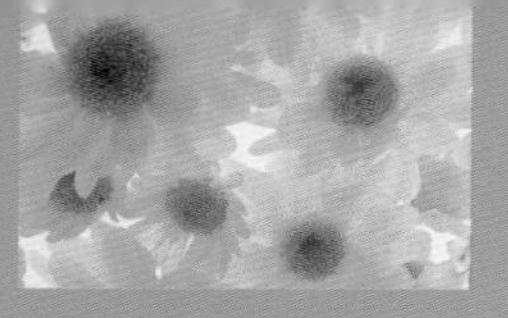

Una habitación muy desordenada puede dificultar el desarrollo del niño, ya que es más fácil que pierda la concentración. Para conciliar un sueño profundo el niño debe ordenar sus juguetes antes de irse a dormir.

LA COCINA

Según el feng shui la cocina debe estar situada en un lugar favorable. Es allí donde se preparan los alimentos; su qi se verá muy influido por el entorno. El qi del alimento cocinado es, a su vez, determinante para nuestro bienestar.

En la cocina reinan los dos elementos opuestos, que son el agua y el fuego. Para que esta combinación no genere un qi desfavorable, hay que elegir a conciencia la ubicación de los fogones. Lo ideal es que no estén al lado del fregadero ni de la lavadora o el frigorífico, ya que todos estos elementos representan la energía agua en su forma pura. Colocados al lado de los fogones podrían provocar una discordancia entre las energías.

En general, el lugar donde está la acometida de las tuberías del agua y las tomas de electricidad ya viene dado. Están situadas en la entrada del apartamento o de la casa y raramente pueden cambiarse de lugar. En este caso deberá intentar minimizar la discordancia entre el fuego y el agua. Lo ideal es cuando los fogones y el fregadero se encuentran al sudoeste de la cocina. La energía madera que reina en esta dirección fortalece el fuego y equilibra así la fuerza destructiva que la energía agua tiene sobre el fuego. Todas las demás direcciones son desfavorables. El fregadero no debería encontrarse jamás en el norte de la cocina, porque en este lugar habría una concentración demasiado elevada de energía agua. La energía qi sería demasiado tranquila y lenta. Del mismo modo es poco adecuado colocar los fogones en el sur porque habría un exceso de concentración de energía fuego en ese punto.

El norte y el sudoeste se sitúan en un eje inestable, es decir, que la energía qi cambia a menudo su marcha en este punto y puede convertirse en algo imprevisible. En el oeste y el noroeste la energía fuego se encuentra con la energía metal que ella destruye. Además, la energía metal se verá debilitada por la energía agua.

EL CUARTO DE BAÑO Y LOS ASEOS

Como ya indicamos en la página 55, hay que evitar tener el cuarto de baño contiguo al dormitorio. Puesto que muchas de las nuevas viviendas construidas hoy en día están distribuidas con estas dos piezas contiguas, tendrá que colocar una puerta entre ellas y mantenerla cerrada siempre que sea posible.

En el cuarto de baño domina el elemento agua. En este tipo de estancia la energía circula claramente de forma más lenta y el

riesgo de estancamiento es elevado. Es por ello que el cuarto de baño debe ser lo suficientemente grande para permitir que circule la energía qi.

Un problema particular de los cuartos de baño son los inodoros. Deben estar instalados lo más lejos posible de la puerta para que se lleven el mínimo de energía qi de la casa. En efecto, el agua de la cisterna, cuando ésta se vacía, es especialmente nefasta. Lo ideal es que el cuarto de baño esté construido de tal forma que no se pueda ver la puerta desde el inodoro, ni siquiera reflejada en un espejo. La ubicación óptima del inodoro sería el este o el sudoeste del cuarto de baño. También puede quedar oculto por un tabique de separación, una cortina o un biombo. Baje siempre la tapa del inodoro

antes de tirar de la cadena. Así mismo, procure siempre que los sanitarios funcionen de forma correcta para que esto no influya negativamente sobre el flujo de energía qi.

El lugar más adecuado para los cuartos de baño y los aseos se encuentra al este o al sudeste con relación al centro de la casa. En esta dirección la energía positiva de la madera se verá estimulada. Deje que entre el máximo de luz solar en el cuarto de baño, para neutralizar la humedad que tiende a hacer que la energía qi se estanque. Abra las ventanas siempre que sea posible. Con la ayuda de plantas de abundantes hojas puede también reducir bastante el riesgo de estancamiento de energía, sobre todo en los rincones.

Para el cuarto de baño utilice preferiblemente muebles de materiales yang, es decir, los que tengan una superficie brillante como el cromo o el vidrio. Estimulan el flujo de energía qi y evitan que ésta se estanque. Los espejos permiten crear una sensación de espacio. También estimulan el flujo de energía qi, pero procure no colgar un espejo frente a otro. El suelo debe ser de madera, mármol, granito, piedra o cerámica. Evite los tejidos sintéticos como por ejemplo la moqueta, que desaconsejamos, y no los utilice tampoco para las cortinas de la ducha. Los movimientos de estos tejidos tienen una influencia muy negativa sobre el flujo de energía. Utilice materiales naturales para todas las cortinas de su casa, incluidas las de la ducha, y para las persianas.

EL DESPACHO

La mayoría de las personas pasan una gran parte del tiempo en su despacho. Es por ello que un flujo de energía favorable es especialmente importante en esta estancia. Quizá por experiencia propia habrá usted notado que trabajar en casa conlleva numerosas ventajas. Puede decidir libremente cómo emplea el tiempo y su ritmo de trabajo. La ventaja más importante consiste en el hecho de que puede ordenar

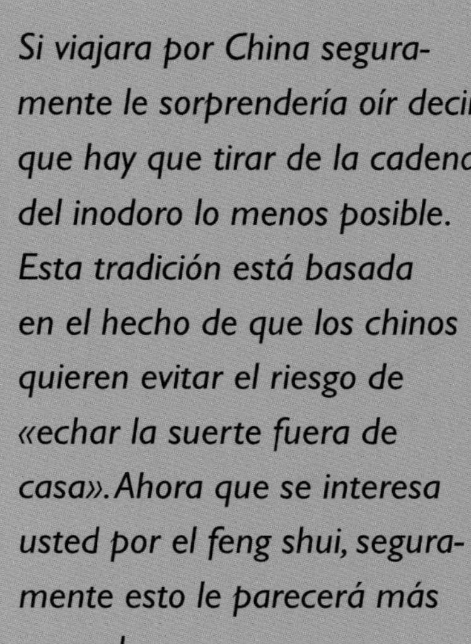

Si viajara por China seguramente le sorprendería oír decir que hay que tirar de la cadena del inodoro lo menos posible. Esta tradición está basada en el hecho de que los chinos quieren evitar el riesgo de «echar la suerte fuera de casa». Ahora que se interesa usted por el feng shui, seguramente esto le parecerá más normal.

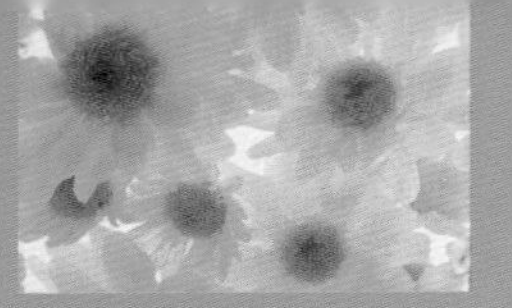

usted mismo su despacho y crear así condiciones favorables para una energía óptima. Gracias a una buena elección de la colocación de los muebles y del material, así como la distribución de la sala, puede estimular la energía qi favorable y aumentar su productividad y eficacia.

Lo importante es que la energía qi positiva no se vea anulada por la energía emitida por los diferentes aparatos como el teléfono móvil, el ordenador, la pantalla, el fax o la fotocopiadora, porque sólo la energía qi positiva aumenta su capacidad de concentración y de trabajo. Con plantas de hojas abundantes puede disminuir e incluso eliminar las radiaciones de estos aparatos.

Le resultará más fácil concentrarse en su trabajo si el despacho está situado al este. En el sudeste la energía qi es similar, pero su intensidad es menor que en el este, lo que puede ser positivo para su capacidad de comunicación. Si su trabajo consiste en vender sus ideas, deberá situar el despacho al sur. Si trabaja con otros compañeros en la misma sala, la orientación ideal del despacho será entonces el noroeste. La energía qi que reina aquí fortalecerá sus cualidades de gestión y su talento organizativo.

En el despacho es particularmente importante evitar que se estanque el qi, y para ello debe reinar el orden. Ordene su despacho por la noche; para ello es preferible usar los armarios cerrados antes que los estantes abiertos.

La mesa de despacho es el elemento central de la sala de trabajo. Lo ideal es una mesa redonda u oval de madera porque así se evita el qi cortante. Coloque la mesa de forma que estando sentado frente a ella pueda ver a la vez la puerta y las ventanas. Procure que la mesa le ofrezca el espacio suficiente para trabajar. Una mesa grande da

sensación de libertad y resulta motivador. Utilice mesitas auxiliares para que su mesa principal esté lo más despejada posible. No debe sentarse dando la espalda a la puerta ni tenerla al lado. Evite sentarse al lado de aparatos eléctricos porque emiten energía negativa que puede disminuir bastante la concentración. Si debe trabajar con un ordenador no se siente muy cerca de la pantalla, es mejor dejar una distancia prudencial, y utilice un buen protector de pantalla. Los cristales que coloque al lado del ordenador reducirán la radiación.

Lo mejor sería utilizar sólo la luz natural, pero si no fuera posible, la luz artificial deberá ser lo más parecida a la natural.

ÍNDICE